Sur les chemins du hasard
Marcel Leboeuf

[CORNAC]

5, rue Sainte-Ursule
Québec (Québec) G1R 4C7
info@editionscornac.com

Conception graphique : Paul Brunet
Photographie de la couverture : Andrée Allard
Révision : Nicolas Therrien
Correction : Érika Fixot
Impression : Imprimerie Lefonfon inc.

Distribution : Prologue
1650, boul. Lionel-Bertrand
Boisbriand (Québec) J7H 1N7
Téléphone : 450 434-0306
1 800 363-2864
Télécopieur : 450 434-2627
1 800 361-8088

Distribution en Europe : D.N.M.
(Distribution du Nouveau Monde)
30, rue Gay-Lussac
F-75005 Paris, France
Téléphone : 01 43 54 50 24
Télécopieur : 01 43 54 39 15
www.librairieduquebec.fr

Les éditions Cornac bénéficient du soutien financier du gouvernement du Québec — Programme de crédit d'impôt pour l'édition de livres — Gestion SODEC et sont inscrites au Programme de subvention globale du Conseil des Arts du Canada. Nous reconnaissons l'aide financière du gouvernement du Canada par l'entremise du Programme d'aide au développement de l'industrie de l'édition (PADIÉ) pour nos activités d'édition.

 Conseil des Arts du Canada Canada Council for the Arts

© Marcel Leboeuf, Les éditions Cornac, 2013
Dépôt légal — 2013

Bibliothèque et Archives nationales du Québec
Bibliothèque et Archives Canada

ISBN : 978-2-89529-247-0
978-2-89529-276-0 (ePUB)

MARCEL LEBOEUF
Sur les chemins du
hasard

avec la collaboration de Marilou Brousseau

INTRODUCTION

Le hasard, c'est le hasard.
Cependant, notre façon d'y réagir peut transformer notre existence.

Voilà, ce que je crois! Mais avant d'aller de l'avant, une clarification importante s'impose: « Je ne détiens pas la vérité. » Mes témoignages se fondent sur mes observations, mes expériences et ma façon de percevoir la vie. Il s'agit donc de « ma » vérité. Elle peut diverger de la vôtre ou être concordante; cela importe peu dans la mesure où vous êtes en harmonie avec celle qui anime votre être entier. De plus, mon objectif n'est pas le débat. Je veux simplement vous parler de ma conception des choses; des opportunités qui ont changé et transformé mon parcours; des étrangers venus à ma rencontre et de leurs histoires.

Si ma pensée ne correspond pas à la vôtre, si elle vous donne le goût de déguerpir à toutes jambes vers une qui est plus conforme à votre philosophie, je vous en prie, allez-y, mais surtout, ne *pétez pas ma baloune*! Si moi je crois en quelque chose, que ça ne fait de mal à personne et que ça n'interfère pas dans votre vie, alors n'éteignez pas le feu de mes convictions, qui m'aide à vivre heureux. Et, bien sûr, ne détruisez jamais la passion des autres : elle est primordiale dans leur vie.

J'ai connu un homme qui était la risée de ses collègues de travail en raison de sa passion pour les maquettes de trains électriques. Un jour, alors qu'il me parlait de son passe-temps favori, les gens qui se trouvaient autour de nous éclatèrent de rire. Faisant fi de leur réaction, je lui demandai s'il avait des photos (lui démontrant ainsi mon intérêt). L'assistance se tut aussitôt. Moi, je suis un fervent amateur de trains, car mon père a travaillé toute sa vie pour une compagnie de chemins de fer. Je ne sais pas d'où provenait la passion de ce monsieur, mais toute sa créativité s'exprimait dans cette activité. Il reproduisait des gares de façon si réaliste qu'il pouvait installer sa maquette dehors, prendre des photos, et personne ne pouvait deviner qu'il s'agissait là d'une « fausse » gare. Je vous le demande donc : « À quoi cela sert-il de rire de la passion d'autrui ? » Je vais vous le dire : ça ne sert qu'à injecter du négatif dans le cœur des gens. Alors, s'il vous plaît, ne *pétez pas les balounes* des autres, d'accord ?

Je suis convaincu, que sans la diversité d'expériences, d'idées et de concepts, nous ne pourrions transformer notre vie. Je suis un être en évolution et ma vérité fluctue au fil de mes expériences. Soyez sans crainte : je ne prends pas de drogue et je n'appartiens à aucune secte. Pour moi, il est simplement important de ne pas sous-estimer la force des hasards et des coïncidences dans une vie. En prenant conscience de leurs présences, on réalise alors leurs incroyables incidences sur notre parcours.

Les gens disent souvent : « Il n'y a pas de hasard. » Au fil des ans, j'ai plutôt réalisé que les hasards surviennent continuellement dans notre existence et nous entraînent là où, souvent, nous ne pensions pas aller en raison de nos limites et de nos peurs. Nous pouvons ignorer les hasards, les voir, les refuser, les accepter, danser avec eux ou simplement les renier en bloc. Ce qu'on en fait nous appartient. Par contre, ils ne cesseront jamais d'advenir et continueront toujours de jouer un rôle important dans notre cheminement.

Comme tout le monde, j'ai connu des revers de fortune, des problèmes conjugaux, des questionnements existentiels. J'ai vu grandir des enfants, mourir des proches et des amis. Des critiques m'ont encensé, d'autres m'ont plongé dans le marasme. Mais toujours, pendant ce temps — et selon les « hasards » semés sur ma route —, les bonheurs approfondissaient ma passion pour la vie tandis que mes difficultés me forgeaient à l'ouverture du cœur, au pardon et à la réconciliation.

Le grand tournant fut sans contredit ce moment, ce « merveilleux hasard » qui m'a amené à fouler les sentiers du chemin de Compostelle et à rencontrer des gens qui m'ont aidé à changer certaines, pour ne pas dire plusieurs de mes conceptions et perceptions. Comme je le dis souvent : « Il y a le Marcel "avant" cette grande marche et le Marcel "après". »

Bien sûr, vous allez me demander : « Est-ce que parler du hasard veut dire que l'on cesse d'attirer à nous les bienfaits de la vie ? Est-ce que cela signifie que l'on ne peut plus exercer un contrôle sur les situations, ni les retourner en notre faveur ? Est-ce que nous sommes à ce point dépendants, tributaires des événements imprévisibles ? Et puis, qu'est-ce que le hasard, finalement ? »

Je répondrai à ces questions au fil des pages qui suivent. Loin de moi la prétention de détenir un savoir précis et absolu sur l'impondérable ou en matière d'agir et de vivre. Non, je ne suis pas Dieu. Je ne suis pas non plus un scientifique. Je n'ai aucune réponse argumentée ou provenant de livres savants. Mon seul désir est de vous partager le fruit de mes réflexions. Pourquoi ? La réponse est aussi simple que la question : j'aime ça. J'aime aider les gens. Ça me rend heureux et cela donne un sens à ma vie. D'ailleurs, je suis entièrement d'accord avec l'écrivain Jacques de Bourbon Busset qui disait : « Aimer, c'est trouver, grâce à un autre, sa vérité et aider cet autre à trouver la sienne. C'est créer une complicité passionnée. »

Rappelons-nous qu'en tout — et partout —, il y a des nuances à apporter... Il n'y a jamais d'absolu : seulement des réalités qui existent et se transforment selon les circonstances et le regard que l'on pose sur elles. Les hasards sont une chose, ce qu'on en fait en est une autre. Mon grand-père maternel, qui fut mon héros, mon ami et mon guide, après m'avoir donné sa terre où s'épanouissait une superbe forêt, m'a dit (et redit maintes fois par la suite) : « Marcel, gère ta forêt comme un jardin ! »

Donc, au hasard de la vie, j'ai reçu une forêt. J'aurais pu l'abandonner à elle-même, me dire que cette étendue boisée n'avait pas besoin de mon apport pour s'épanouir et grandir. Non. J'en ai pris soin. Sur ce modèle offert par mon grand-père, j'ai également façonné ma vie. J'ai labouré, bêché, désherbé, redessiné, replanté, aménagé, cultivé, arrosé mon jardin intérieur... Je libérais ainsi mon passé chargé de souffrances, de pensées erronées et négatives pour laisser place à un Marcel plus conscient de son potentiel, de ses sentiments, de ses pensées et de ses états d'âme. Je me transformais intérieurement, retrouvant peu à peu la dimension belle et sacrée de l'existence.

Bien sûr, je ne suis pas parfait. J'ai encore du nettoyage, du sarclage, de l'entretien à faire, et quoi d'autre ?... Je suis humain et je le serai jusqu'à mon dernier souffle, croyez-moi. Par contre, ce cheminement, je ne le considère pas comme un travail, mais une façon de vivre plus près de mon être profond, de m'émerveiller, de découvrir l'univers et ses mystères…

Depuis douze ans, je donne des conférences un peu partout au Québec. Ma première, *La passion selon Marcel*, a donné lieu à celle que j'ai intitulée *Le chemin de Compostelle*, tandis que ma plus récente a pour titre *Le hasard, les coïncidences et la synchronicité*. Cette nouvelle vocation, celle de prendre la parole en public, n'est pas venue du jour au lendemain. Suite à une entrevue télévisée, j'ai reçu un appel d'un formateur à la recherche de nouveaux conférenciers. N'étant jamais monté sur scène pour faire ce genre de présentation, je leur ai mentionné n'avoir aucun sujet de conférence à leur offrir. À cela, ils ont rétorqué que durant mon entrevue, j'avais abordé avec grande passion des thèmes majeurs : le travail d'équipe, le service à la clientèle, l'importance de la famille, des grands-parents et de la communication. À ma plus grande surprise, ce jour-là, j'avais jeté les assises de ma nouvelle carrière de conférencier.

L'écriture est arrivée comme une suite logique à cette démarche. Certes, les gens aiment écouter une personne leur raconter ses histoires et ses prises de conscience, mais pouvoir s'en souvenir grâce à un écrit les regroupant toutes, voilà qui s'avérait l'idéal. Cet aide-mémoire allait donc servir d'outil de réflexion, tant pour les participants que les personnes tombant par hasard sur mon ouvrage. D'ailleurs, quel événement a contribué à ce que vos yeux parcourent ces lignes en ce moment ?

Bien sûr, certains aiment mes conférences, d'autres pas. Je ne porte aucun jugement. Par contre, je suis toujours ravi de recevoir des courriels et des appels de personnes me rapportant l'impact positif que j'ai eu dans leur vie. Cela me motive davantage. Or, si un livre peut me permettre d'atteindre un plus grand nombre de gens, ce serait dommage de ne pas l'écrire. Je crois que par ce biais et celui des conférences, mon travail d'être humain s'accomplit peu à peu et me rend un homme meilleur chaque jour.

À la fin de chaque chapitre, je vous offre une page blanche pour donner libre cours à vos pensées, à vos idées, à vos souvenirs et répondre aux questions proposées. Si le cœur vous en dit, n'hésitez pas : écrivez vos anecdotes ainsi que votre témoignage. Qui sait : ils vous indiqueront peut-être la voie vers la paix intérieure ! Si vous souhaitez les partager avec moi, faites-les parvenir à l'adresse suivante : www.marcel.ca/hasard. Je vous lirai avec un très grand plaisir.

Allez, je vous invite maintenant à marcher avec moi sur les chemins du hasard…

1. LES HASARDS DE LA VIE

La valeur d'un hasard est égale à son degré d'improbabilité.
— Milan Kundera

Commencer un livre sur le hasard sans tenter de le définir un tant soit peu, c'est comme renoncer à un guide qui baliserait la route. J'ai donc glané quelques informations, çà et là, pour vous donner un genre de bâton de pèlerin qui vous permettrait d'avancer sur la route de la compréhension.

Selon le *Petit Robert*, le hasard est une « une cause fictive de ce qui arrive sans raison apparente ou explicable ». Pour le *Petit Larousse* le hasard est « une cause imprévisible et souvent personnifiée, attribuée des événements fortuits ou inexplicables. *S'en remettre au hasard.* » Il est également un « événement imprévu. *Le hasard d'une rencontre.* »

Il est important d'évoquer l'aspect parfois malheureux du hasard, car il existe avec autant de force que le hasard bénéfique. Le mot *hasard* ne prend-il pas, à l'occasion, une expansion vers le mot *hasardeux* qui veut dire « risqué, périlleux »…? Bien sûr, dans le mot *hasardeux*, il y a la notion de « risque calculé ». Le vrai hasard, lui, n'est pas un « risque à prendre »… Il survient, point. Par contre, nous devons le comprendre, le saisir et composer avec.

Quand le hasard impose sa loi, on ne peut pas, comme une autruche, rentrer sa tête dans le sable et croire qu'il entraînera dans son sillage que de bonnes nouvelles et de bonnes conjonctures. Il a aussi son envers. Des exemples concrets de « malheureux hasards » vous seront donnés dans un chapitre subséquent. Pour certains de ceux-ci, il est impossible d'en changer la trajectoire tragique, même l'issue fatale, et ce, malgré notre bonne volonté. Pour d'autres, malgré une finalité douloureuse, ils comportent des leçons à tirer qui, elles, peuvent s'avérer la prémisse d'une vie meilleure. Le hasard arrive toujours chargé de possibilités, d'occasions, de synchronicités, mais aussi d'infortunes pour lesquelles on n'y peut rien.

Il est essentiel de mentionner qu'il existe de minces, mais d'importantes distinctions entre les « coïncidences », les « synchronicités » et les « hasards ». Toujours selon les mêmes dictionnaires, les coïncidences sont une « simultanéité de faits, des concours de circonstances ». Exemple : l'image d'un ami que vous n'avez pas vu depuis longtemps ne cesse de trotter dans votre tête. Le téléphone sonne : c'est lui. Les synchronicités, elles, sont « des événements symboliques qui se produisent à un moment significatif dans la vie d'une personne. » Exemple : En 1915, deux soldats sont admis à l'hôpital militaire de Katowitz, en Bohême. Ni l'un ni l'autre ne se connaît même s'ils sont nés le même jour, dans la région de Silésie, en Europe centrale. Tous les deux travaillent sur un train d'équipages, ont contracté une pneumonie et s'appellent Franz Richter. Évidemment, dans ce cas-ci, comme dans tous les autres, c'est toujours après-coup que l'on se rend compte que l'événement était improbable.

La notion de hasard remonte à une époque lointaine, plus précisément à un texte de Schopenhauer, écrit en 1850, qui parle d'une « simultanéité sans lien causal que l'on nomme *hasard* ». Par exemple : il était dans un bistrot, elle était dans ce même bistrot, le même jour et à la même heure. Aujourd'hui, ils sont mariés !

Le mot *synchronicité*, lui, est apparu dans notre langage en 1952, prenant aussi alors l'appellation de « coïncidences productrices de sens ». Le mot *synchronicité* vient des racines grecques *sun* (« avec ») et de *khronos* (« temps ») : réunion dans le temps, simultanéité[1].

Soyez sans crainte : rester alerte aux signes que les événements apportent n'est pas de la maladie mentale. Au contraire, nous apprenons à développer notre conscience. Et plus nous sommes conscients, plus nous pouvons composer avec les situations qui jalonnent notre parcours.

---

1. Carl Gustav Jung, *Dreams*, Routledge, 2002, pp. 44-45.

L'idée d'écrire sur le hasard m'est venue en parcourant les chemins de Compostelle. Quelque chose s'est passé à l'intérieur de moi, une sorte de révolution. J'ai soudain pris conscience du monde qui m'entourait et de la place que j'occupais sur cette terre. Sous les différents cieux rencontrés, je me suis posé de nombreuses questions, dont celles-ci : « Quelle est ma raison d'être ici-bas ? », « Comment puis-je me sortir de mes impasses ? », « Comment puis-je tendre la main à mon prochain, lui même pris dans ses propres tourments ? »

Bon, on s'entend, d'accord : je ne me suis pas levé un matin en me disant : « Tiens, je vais aller faire une p'tite marche sur le chemin de Compostelle et, à mon retour, mes ennuis auront disparu dans l'air frais du matin ! » Comme tout le monde, j'en avais entendu parler, et j'avais lu quelque peu sur le sujet. À la ronde, je lançais souvent comme ça qu'un jour j'irais marcher sur cette « route spirituelle ». Ça ressemblait davantage à un projet flou lancé à tous les vents qu'à un désir réel. Le hasard — qui se fout totalement de notre logique bien cartésienne, puisqu'il ne pense pas en soi — avait en réserve toute une surprise pour moi.

Le hasard s'est d'abord présenté à mon théâtre d'été d'alors — à Kingsey Falls —, sous les traits d'un bon ami : Pierre Prince, venu voir ma pièce. Après notre représentation, je le vis apparaître en coulisse. Qu'est-ce qui n'allait pas chez lui ? Je l'avais vu deux mois plus tôt et rien ne laissait présager une telle dégénérescence de son être. Il pesait cent livres de moins ! Une telle perte de poids n'annonçait rien de bon, car contrairement aux personnes qui choisissent de maigrir pour des raisons de santé ou d'esthétique, lui, semblait vraiment malade. Une partie de son cou s'était volatilisé clairement sous les mains d'un chirurgien. Malgré tout, il gardait sa bonne humeur. Les propos qu'il me tint, ce soir-là, demeurent marqués à tout jamais dans mon esprit.

« Marcel, toi tu as la chance de penser à l'avenir, de préparer des projets… Tu as la vie devant toi. Moi, je suis atteint d'un cancer généralisé qui ne connaîtra aucune guérison. Je sors à peine de l'hôpital d'Athabaska. Malgré les bons soins des médecins, je suis en phase terminale… Je vais mourir très bientôt. Mon fils a trois mois et je n'aurai jamais la chance de le voir atteindre sa première année. Toi, tu as encore bien du temps… Allez, Marcel ! OSE ! Ose ta vie ! Ose tes rêves ! Toi qui as toujours voulu aller à Compostelle, vas-y. N'attends pas !

J'ai ravalé la peine qui montait en moi. Entendre un jeune homme de trente-deux ans, dans la fleur de l'âge, me dire que j'étais chanceux de pouvoir regarder en avant et d'agir… a littéralement fouetté ma léthargie. Pierre m'ouvrait une porte. J'avais le choix d'en passer le seuil ou bien de la fermer en attendant une autre occasion ou un autre signe de la vie. Le message s'avérait trop clair, trop fort. Je me suis dit que le temps était venu de prendre action, de cesser de repousser le moment et d'aller marcher sur le chemin de Compostelle. Je devais enclencher dans les plus brefs délais le processus de mise en branle de ce projet de voyage… et partir.

Plus on vieillit, plus on se rend compte que la vie est courte. Pourquoi la perdre en tergiversations de toutes sortes au lieu de passer aux actes et de la vivre ? Cela ne veut pas dire de ne pas réfléchir, de ne pas prévoir les conséquences de nos gestes et de partir à l'aveuglette. Cela implique plutôt de s'asseoir et de réfléchir sur ce que l'on reporte depuis une semaine, un mois, un an, une vie… Ensuite, de se poser la question : « Qu'est-ce qui arriverait si j'osais donner vie à mon rêve ? » Ou encore : « Le moment est-il venu pour moi de mettre des voiles à mon projet, d'embarquer dans l'aventure ? » Peut-être que la réponse sera un gros « non ». Il faudra alors respecter ce choix, non sans se questionner préalablement sur ce « non ». Cache-t-il des peurs : la peur d'avancer vers l'inconnu ; la peur de faire fausse route ; la peur d'avoir idéalisé un rêve impossible ; la peur de ne pas avoir les moyens (physiques, monétaires, émotionnels…) nécessaires pour mener ce rêve à terme ? Peut-être, au contraire, que la réponse sera un beau gros « OUI ». Comment réagirez-vous si cela advient ? Irez-vous de l'avant ? Reculerez-vous ?

Aujourd'hui, posez-vous sérieusement ces questions. Réfléchissez, méditez, demandez une réponse à vos rêves… Ne mettez pas vos rêves en veilleuse. Ils sont faits pour être réalisés. Je connais un homme et une femme mariés qui ont tous les deux quatre-vingt-six ans. À quatre-vingts ans, ils ont réalisé un de leurs plus grands rêves : aller en France passer deux semaines. Ils n'ont pas versé dans les craintes de l'«impossibilité». Je connais aussi un adolescent de quinze ans qui a accompli le sien. Il n'y a PAS d'âge pour vivre ses rêves, pour donner vie aux projets que l'on a enfouis dans les greniers de la peur, de l'hésitation et du doute.

Rappelons-nous que même lorsque nous donnons vie à notre projet, notre petit saboteur intérieur peut nous amener à l'avorter avant même sa réalisation. Sur les traces de milliers de gens avant moi, j'ai douté, j'ai voulu rebrousser chemin une demi-heure seulement après mon arrivée en terre française. «Le chemin de Compostelle ! Mais dans quoi me suis-je embarqué ? J'aurais pu prendre une grande marche au Québec et ça aurait été tout aussi déterminant !», me disais-je, malheureux, les jambes flageolantes tant je n'étais pas en forme physiquement.

Mais la vie, avec ses hasards — aux conséquences parfois importantes —, m'attendait au détour d'un sentier. Un homme est apparu, tout bonnement, comme ça : un Français qui changea ma vision des choses (j'y reviendrai).

Il a marché trois jours à mes côtés, trois jours intenses durant lesquels, étrangement, je ne ressentais plus le poids de la fatigue, les douleurs aux mollets, les ampoules aux pieds, les passages à vide au cours desquels on ne sait même plus pourquoi on est sur le chemin. J'ai avancé avec lui vers l'inconnu, à chaque pas, à chaque respiration... Trois jours durant lesquels le hasard s'est permis de taquiner mes certitudes et de me conscientiser à l'importance des hasards dans une vie. Vient un moment où l'on ne peut plus nier les évidences et leurs impacts sur le parcours d'une vie... J'ai compris, à l'instar de l'écrivain Honoré de Balzac qui l'écrivait dans sa fameuse *Comédie humaine*, que « le hasard est le plus grand romancier du monde ; pour être fécond, il n'y a qu'à l'étudier. »

NOTES

Inscrivez vos pensées et vos commentaires :
_____
_____
_____
_____
_____
_____
_____
_____
_____
_____
_____
_____
_____
_____
_____
_____
_____
_____
_____
_____
_____
_____

Si le cœur vous en dit, répondez à ces questions :

1- Quels « hasards » sont survenus dans ma vie, aujourd'hui ?

_____
_____
_____
_____
_____
_____
_____
_____
_____
_____

2- Quelles en sont les conséquences pour moi et les autres ?

_____
_____
_____
_____
_____
_____
_____
_____
_____
_____
_____

3- Quelles leçons puis-je en tirer ?

_____
_____
_____
_____
_____
_____
_____
_____
_____
_____
_____
_____

4- Est-ce que je peux voir autrement les événements plus malheureux survenus « par hasard » dans ma vie ?

_____
_____
_____
_____
_____
_____
_____
_____
_____
_____
_____

5- Est-ce que je peux m'ouvrir aux leçons qu'amènent souvent les hasards?

2. SE SENSIBILISER AU HASARD

Le hasard est une force merveilleuse, une force comparable à un Dieu voyageur chargé de documents, de fiches et de dossiers, de portraits, aussi.
— François de La Rochefoucauld

À l'émission *Qu'est-ce qu'on attend pour être heureux*, l'animatrice Christine Michaud s'est entretenu avec un collaborateur sur notre réponse aux circonstances de la vie. Il lui demanda de repérer dans le studio des éléments comportant la couleur *brune*. Au bout de dix secondes, il l'invita à fermer les yeux et à lui nommer tout ce qu'elle avait retenu de… « bleu ». La réaction de Christine fut bien sûr de lui rétorquer que sa requête concernait le *brun* et non pas cette autre teinte. Le collaborateur lui dit alors : « Dans la vie, quand on veut ne voir qu'une couleur, on ne voit que cette couleur. »

Quelle belle leçon ! Effectivement, quand on met l'accent sur le noir et qu'on broie du noir, que croyez-vous que l'on voit? Du noir, bien sûr. Si nous focalisons notre attention sur le rose, nos chances sont plus grandes de voir la vie en rose. Cela ne veut pas dire que les obstacles ne viendront pas, à l'occasion, assombrir notre quotidien. Cela signifie simplement que nous avons deux options: nous concentrer sur ce qui ne va pas ou bien sur ce qui nous permettrait de mieux embrasser la vie dans ses mille et un coloris. Tant que nous ne choisissons pas de voir d'autres couleurs, les changements demeurent plus difficiles pour ne pas dire impossibles. Nous continuons de voyager dans les dédales sombres de nos pensées défaitistes. Néanmoins, je le répète, à partir du moment où nous sommes ouverts à contempler d'autres teintes, tout à coup, notre expérience se transforme peu à peu, et de nouvelles perspectives s'ouvrent à nous. C'est ce qui est arrivé avec Michel, rencontré au début de mon périple sur le chemin de Compostelle. Par son dynamisme, il m'a aidé à revoir des couleurs que je ne percevais plus, mais qui, pourtant, avaient déjà teinté toute ma vie. Hasard déterminant…

Avant d'accomplir mon grand périple en Europe, j'ai rencontré le responsable de l'Association des pèlerins de Compostelle, un dénommé Yvan Lemay. Ayant lui-même marché sur le chemin, il me déclara: «Mieux vaut ne pas trop en savoir avant de partir.» Cette phrase me resta à l'esprit… Je ne comprenais pas. *Pourquoi, au contraire, ne pas me donner des points de repère, des informations, comme cela se fait lors de toute autre préparation à un voyage ?*

Lors du transfert entre mon avion à Paris et le TGV que je devais prendre pour aller à Puy-en-Velay, j'allai chercher à la suggestion d'Yvan — presque la seule suggestion qu'il m'a faite, d'ailleurs, et tant mieux pour moi — le petit guide des pèlerins du chemin de Compostelle, le *Miam Miam Dodo*[2], dans une librairie spécialisée. Encombré de mon très lourd bagage, je dus passer par la gare du Nord pour m'y rendre : un détour interminable. Je revins de justesse pour prendre mon train. Le 16 juillet 2001, à mon arrivée à Puy-en-Velay — une commune française de la région d'Auvergne, préfecture du département de la Haute-Loire, où j'avais choisi de débuter ma marche —, je réalisai que j'aurais pu acheter le guide sur place. Pourquoi Yvan m'avait-il envoyé au diable vauvert ? Je compris assez tôt que cet interlude s'avérait quasiment initiatique. « Mon gars, si tu veux faire le chemin de Compostelle, tu vas suer un peu ! » Je ne savais juste pas à quel point…

La veille de ma partance sur le chemin, je me liai d'amitié avec une religieuse française qui m'avait vu quérir mon passeport de pèlerin. Elle avait un grand sens de l'humour et m'a fait rire aux éclats. Le lendemain matin, juste avant la messe, elle me demanda si je voulais lire l'épître à la cathédrale. Je trouvai qu'il s'agissait là d'une

---

2. Les livres de la collection Miam Miam Dodo sont publiés aux éditions du Vieux crayon.

belle prémisse à mon pèlerinage. J'acceptai. Expérience unique ! La lumière qui émanait des mots allait-elle éclairer mon voyage vers l'inconnu ?

Le lendemain, tel un bohème, je commençai mon périple. Le ciel était beau, sans plus. Je me disais : « Tu vas vivre quelque chose d'unique, Marcel. » Est-ce que j'essayais de m'en convaincre ? En réalité, même si je suis un être plutôt aventureux, j'étais vraiment partagé dans mes sentiments. J'avançais péniblement sur le chemin rocailleux, en proie à l'angoisse de ma démarche. Des marcheurs me dépassaient, et au bout d'un moment, je ne croisai plus personne. Je me retrouvai seul à me ronger les sangs. Qu'est-ce que je faisais là, au milieu de nulle part, à marcher dans le but de sauver je ne savais trop quelle partie de mon être ? De douloureuses expériences m'avaient envoyé côtoyer les bas-fonds de la dépression. J'arrivais difficilement à me remettre d'une défaite amoureuse et de l'absence trop longue de propositions professionnelles. Au départ, j'étais convaincu que ce pèlerinage m'apporterait l'inspiration pour envisager mes situations sous un meilleur jour. Mais là, sur place, je n'y voyais plus aucun sens... Je posais simplement un pied devant l'autre, un peu comme un automate, sans réelle conviction.

Au bout d'une demi-heure, chargé comme un mulet — dans tous les sens du mot *chargé* —, voilà qu'émergea un seul et unique désir : sortir carrément du chemin, rejoindre la grand-route, arrêter une voiture ou trouver un taxi pour m'amener à l'aéroport. Je voulais retourner à la maison ou, à la limite, voyager un peu en France avant de revenir à Montréal. Je devais, au plus vite, retrouver une vie « normale », moins fatigante, moins ennuyante, moins déprimante…

Alors que j'étais sur le point d'abandonner mon rêve, désormais moins lumineux que dans mon imagination, apparut le fameux Français, un sourire franc accroché au visage.

— Comment vas-tu ?
— Ça va, ça va… J'en arrache un peu.
— Oh ! Tu as un accent !
— Non, non, c'est toi qui en as un !

Un rire éclata dans le silence du matin.

— Comment t'appelles-tu ?
— Je m'appelle Marcel, et toi ?
— Michel.

Je venais de me trouver un compagnon de voyage.

En écoutant parler cet homme pendant l'heure qui suivit, je réalisai que je me sentais mieux, intérieurement. Je changeais mon choix de couleur. Du bleu, du jaune, du rose se mirent à resplendir en moi et autour de moi, remplaçant le sempiternel brun et même noir que j'absorbais depuis un bon bout de temps. Tout à coup, à côté de cet homme, tel un reflet, je m'apparaissais à moi-même. Je me voyais soudain dans mon comportement des derniers mois, dans ma façon d'être : pas très guilleret, je l'avoue. J'avais baigné dans mes tensions, mes peurs et mes limites, alors que s'ouvrait partout l'océan des possibilités.

Plus j'écoutais Michel, plus je le regardais et plus je me disais : « Mais je suis comme ça, moi ! Comment se fait-il que l'homme de bonne humeur que j'ai toujours été ait ainsi perdu de son feu intérieur et de sa joie de vivre ? »

Pendant trois jours, cet homme-là m'a aidé à revoir ma gamme de couleurs, à aimer de nouveau mon existence pour ce qu'elle est et non en regard de ce que j'avais perdu ou que je ne possédais pas dans l'instant. Nous avions tant à nous dire, lui et moi. Emportés que nous étions à refaire le monde et oubliant de regarder les indications menant à Saint-Jacques-de-Compostelle, nous nous sommes même perdus dans la montagne. Riant de notre manque d'attention aux balises d'orientation, nous avons rebroussé chemin et retrouvé la bonne route.

Hasard des hasards, après trois jours à se côtoyer et à philosopher sur la vie, Michel me demanda soudain :

— Alors toi, l'ami, qu'est-ce que tu fais au Québec ?

— Moi, je suis comédien.

— Ah ben, ça alors ! Je suis premier assistant au cinéma !

— C'est peut-être pour ça qu'on s'entend si bien tous les deux !

Je lui appris que j'étais propriétaire d'un théâtre d'été. Que j'avais un partenaire, un associé, Normand Chouinard. Que ça faisait vingt-cinq ans que j'étais comédien.

— Et toi, as-tu une production en vue ? lui demandai-je.

— Oui, je vais travailler sur un film avec Gérard Depardieu en septembre.

— Intéressant ! Il est comment, cet acteur ?

— Il est très bien. Il n'a pas la grosse tête comme les gens le pensent... Euh..., mais un théâtre d'été, qu'est-ce que c'est ?

Je lui expliquai qu'au Québec, cette entreprise se voulait un pur divertissement pour la population. Qu'il avait pour fonction de rendre les gens heureux durant la période estivale, parfois assez caniculaire.

— Au Québec, tu sais, les hivers sont longs. Alors, quand nous avons une chance de sortir, à la belle saison, les théâtres d'été deviennent une attraction intéressante, et pour certains, irrésistible.

— Quels genres de pièces produisez-vous ?

— Comme il y a plusieurs auteurs talentueux au Québec, nous en choisissons un chaque année dans le but d'écrire une pièce, bien souvent une comédie vaudevillesque, donc basée sur des quiproquos. Mais cet été (2001), pour la première fois, nous avons pris les droits d'auteur d'une pièce française.

— Ah bon ! Laquelle ?

— Même si je te la nommais, ça ne te dirait pas grand-chose. C'est une pièce écrite et mise en scène par une jeune troupe française. Elle s'intitule : *André le Magnifique*.

À peine avais-je mentionné le titre que Michel arrêta de marcher, déposa son sac à dos et me regarda droit dans les yeux en disant :

— Marcel !

— Quoi...

— Ma meilleure amie a coécrit et joué dans *André le Magnifique*.

Je restai là, estomaqué, incapable d'articuler un seul mot, m'attendant presque à voir apparaître Marcel Béliveau pour *Surprise sur prise*! Ça ne se pouvait pas... car, pour continuer dans la veine de hasards, c'était justement avec sa meilleure amie que, six mois plus tôt, j'avais négocié les droits de la pièce. Quelles étaient les chances que sur un chemin perdu de la Haute-Loire, je me retrouve avec cet homme-là ? Cette situation me sembla soudain extrêmement anecdotique. Je vivais à la fois le fruit d'un pur hasard et celui d'une belle synchronicité. La vie me faisait un grand clin d'œil : oui, j'étais sur la bonne *trail*.

Cette rencontre s'avéra déterminante pour moi. Elle changea l'estime plutôt basse que j'avais de moi à cette époque. Je cessai de me considérer comme une victime impuissante de la vie et des circonstances. Je repris possession de mon pouvoir de changer les choses et je commençai de nouveau à rayonner à partir de mon cœur. D'évidence, sur le chemin, je n'étais pas à la recherche de coïncidences et de hasards, loin de là. J'étais plutôt dans l'expérience du présent, tout à fait inconscient, alors, de leurs impacts sur ma destinée. Comment aurai-je pu savoir ? J'ai compris avec le recul...

Heureusement, grâce à ce genre d'expériences plus intenses, la conscience s'aiguise et on réalise que les hasards, les coïncidences, les opportunités ont toujours été liés à notre parcours et ne cesseront jamais d'y être. En leur portant attention, nous les remarquons de plus en plus ; autant dans notre vie que dans celle des autres. C'est tout bonnement fascinant !

Je me suis placé, bien inconsciemment, en situation de provoquer le hasard en marchant le chemin de Compostelle. Je ne prétends pas que tout le monde doit prendre son sac à dos et marcher sur des sentiers spirituels pour vivre et comprendre certaines leçons de vie. Tout se passe maintenant. Le chemin, il est ici, dans notre esprit, dans nos actions, au cœur de nos relations, à notre travail, dans notre famille...

Je vous ai exposé un exemple qui, pour moi, a eu un impact majeur dans ma quête intérieure. Pourquoi ? Simplement pour vous démontrer la force, la puissance du hasard et aussi, pour vous mentionner qu'avec un tant soit peu d'ouverture d'esprit, nous sommes en mesure de rester présent dans les moments où il nous aurait été facile de lâcher, de partir, de tout abandonner.

S'ouvrir à l'imprévisible, laisser nos désirs libres d'aller de l'avant, se laisser guider tout en effectuant les bons choix, voilà ce que j'appelle vivre…

Bien sûr, deux questions se posent : « Peut-on provoquer les hasards ? Si oui, s'agira-t-il alors de véritables hasards ? » De par sa définition, un *impondérable* ne peut pas être forcé ou imposé. Bien sûr, nous pouvons toujours, à l'occasion, « aider le hasard » en provoquant certaines rencontres. Par exemple, mettre en rapport deux personnes inconnues (une *blind date*) peut certainement aider le hasard. Mais qui sait ce qui découlera de leur rencontre ? Ce qui est indéniable, c'est que nous pouvons tirer le meilleur des situations survenues — fussent-elles heureuses ou malheureuses — pour poursuivre notre route et aider d'autres personnes à avancer sur la leur. Selon les circonstances, l'exercice n'est pas toujours facile à pratiquer, j'en conviens. Néanmoins, je souscris à ce vieux dicton anglais dont l'insistance me semble des plus importantes : « Si vous échouez une première fois, essayez encore. Et si vous échouez encore, essayez encore, encore, encore, encore et encore… » (OK ! J'ai ajouté des *encore*…, parce que je veux être certain que vous avez bien saisi qu'il ne faut jamais abandonner.) « Cent fois sur le métier remettez votre ouvrage », disait Boileau. N'arrêtez jamais de tendre vers vos rêves, de les toucher en esprit, de poser chaque jour les gestes qui vous mèneront à leur actualisation. Recherchez le bien, le beau et le positif en vous et autour de vous. Je ne parle pas d'avoir recours à la pensée magique, mais bien d'être présent à vous-même, à vos besoins, à ceux de vos frères et de vos sœurs, de vos amis, de vos collègues, de votre amoureux ou votre amoureuse. Accueillez et observez ce que le hasard met sur votre route. Soyez bon ! À quoi cela vous sert-il de vous piocher sur la tête, de croire en vos limites et de manquer ainsi le « coche » ? Pourquoi louper une bonne occasion en lui opposant une résistance qui n'entretient, bien souvent, que la peur de l'inconnu ? Mieux que de blâmer l'époque, le destin, les parents, les professeurs, les dirigeants politiques, les voisins… pourquoi ne pas voir les bénédictions merveilleuses que vous apporterait un changement d'attitude et l'adoption d'une vision différente de la vie ?

NOTES

Inscrivez vos pensées et vos commentaires :

Si le cœur vous en dit, répondez à ces questions :

1- Quel est ce désir que je n'ai pas encore réalisé et auquel je pense régulièrement ?

_____
_____
_____
_____
_____
_____
_____
_____
_____
_____
_____
_____

2- Quelles sont les conséquences pour moi et les autres de ne pas actualiser mon rêve ?

_____
_____
_____
_____
_____
_____
_____
_____
_____
_____
_____
_____

3- Comment puis-je rencontrer mes peurs et les désinvestir de leurs charges négatives dans ma vie ?

4- Suis-je capable de devenir chaque jour plus conscient(e) des trésors que les hasards et les rencontres sacrées entraînent dans mon quotidien ?

5- Comment vais-je accueillir les opportunités dans ma vie, à partir d'aujourd'hui?

_____
_____
_____
_____
_____
_____
_____
_____
_____
_____
_____
_____

3. Ô HASARDS, QUE VENEZ-VOUS M'ENSEIGNER ?

Quiconque a les yeux grands ouverts extrait de tout hasard une signification.
— Henry Miller

Devant un hasard, sommes-nous assez présents, assez vifs pour le remarquer, pour y être sensibles ? Si oui, ce hasard peut-il nous aider à réorienter et à améliorer notre vie ? Pour ma part, je n'ai qu'à penser à mon périple sur le chemin de Compostelle. Ma réponse devient alors évidente : oui. Néanmoins, je ne peux m'empêcher de souligner qu'en prendre conscience est probablement la chose la plus dure. Cela exige une attention particulière. Je ne dis pas de tout analyser au premier degré. Je ne dis pas non plus que si j'avais choisi d'abandonner le chemin de Compostelle, autre chose de positif ne serait pas survenu. Très certainement, une autre porte se serait ouverte, d'autres événements se seraient produits. La vie ne s'arrête pas à des choix spécifiques, qu'ils soient positifs ou négatifs. Elle continue…

À chaque action, il y a une réaction, une conséquence — directe ou indirecte. J'évalue à environ dix-huit mille personnes qui, à la suite de mes conférences et de mes partages, ont parcouru le chemin de Compostelle. Je ne saurai jamais ce que cette expérience a changé ou apporté à l'existence de la plupart de ces gens. Est-ce important? L'essentiel, c'est ce qu'ils ont vécu et, ultimement, les impacts concrets que ce pèlerinage a eus sur eux par la suite. Si l'expérience n'a été qu'une bonne marche dans une nature splendide, cela aura valu la peine. Si l'expérience n'a été que déplaisir et souffrance, elle n'en est pas pour autant négative et à rejeter. Il y a des leçons à tirer même de ce qui, en apparence, a semblé moins bon.

Où se situe le hasard? Ici, là-bas, maintenant, à chaque instant de notre vie. Nous demeurons tributaires des circonstances impromptues. Nous ne pouvons dire: « Je vais éviter le hasard! » Si vous avez trouvé la façon de le déjouer, écrivez-moi vite, vite. Mais, entre vous et moi… j'ai comme l'intuition que je ne serai pas inondé de courriels! Bien sûr, vous me direz que le hasard vient cogner à notre porte en raison d'une longue série de causes à effets. Je vous crois. Par contre, personne ne pourra savoir de quoi il se compose avant de l'avoir vécu, sinon, ce ne serait plus du hasard. Si je n'avais pas lu sur Saint-Jacques-de-Compostelle et son pèlerinage, si un ami en phase terminale de cancer ne m'avait pas ouvert la porte à l'idée d'actualiser mon rêve d'aller y marcher, si je n'avais pas eu une douloureuse peine d'amour, si j'avais eu plein de travail, etc., les chances auraient été plutôt minces, pour ne pas dire inexistantes, de rencontrer le cinéaste Michel qui m'a amené à transformer l'être sombre que j'étais devenu en une personne souriante et heureuse, les bras ouverts aux changements. Surtout, peut-être qu'il aura surtout fallu davantage de temps et bien d'autres rencontres pour que ma conscience s'ouvre à la réalité des hasards.

Le moment est maintenant approprié pour vous dire : « Pas de souci, mes amis : nous ne sommes pas responsables des hasards ! » Nous ne sommes pas responsables de passer sous une échelle au moment où un ouvrier échappe son seau d'eau sur nous. Nous étions là, à ce moment-là… dans une synchronicité, euh…, pour le moins « mouillante » ! Nous sommes cependant responsables de notre réaction face à l'événement.

Le chemin de Compostelle est à l'exemple de la vie. Parfois, on traverse des paysages rudes, abrupts, austères. D'autres fois, l'harmonie, la douceur et la beauté nous transportent dans l'émerveillement, la joie et la gratitude. Sur cette route spirituelle, des personnes ont interrompu leur progression, certains m'ont accompagné à tour de rôle tandis que d'autres ont continué et continueront de marcher après moi. À l'image de notre séjour sur la terre, le voyage de l'un est magnifique, celui de l'autre plus difficile et pour les moins nantis, une lourde épreuve.

De multiples portes s'ouvrent sans cesse devant nous. Il ne tient qu'à nous d'en passer le seuil ou de les refermer. Parfois, les blessures sont si profondes que pour en arriver à voir ne serait-ce qu'une seule porte, il faut passer par une thérapie qui obligerait une longue marche en arrière pour aller les soigner et les panser avant de pouvoir reprendre la route, plus fort et plus solide. N'hésitez pas à consulter une personne ressource quand le sens de votre vie vous échappe, quand vous ne savez plus trop quelle est votre mission, pourquoi vous êtes sur terre, etc. Si vous baignez dans des pensées limitatives, trouvez le moyen en vous, autour de vous, dans des livres, auprès de spécialistes ou de grands maîtres, de franchir les obstacles qui vous empêchent d'accéder à votre bonheur. Vous aurez toujours l'option du choix, même quand la vie semblera ne pas vous en présenter au premier abord. Bien sûr, si vous allez à gauche pour vous rendre à un point donné, le chemin sera différent de celui à droite. Est-ce que les deux chemins mèneront au même endroit, au même résultat? Peut-être, mais à coup sûr, le trajet pour y arriver sera bel et bien distinct, comportant peut-être des hasards, des synchronicités et des opportunités différentes. Le saura-t-on jamais? Dans un autre chapitre, je vous parlerai de l'importance d'effectuer un grand ménage dans votre vie, dans vos relations. De considérer le pardon comme une étape des plus cruciales pour faire disparaître les regrets, la tristesse, la colère, la rancœur...

Quand je suis revenu de Compostelle, à la fin août 2001, nous ne savions pas alors que la face du monde allait changer le mois suivant, en raison de l'attaque des deux tours du World Trade Center. À partir de ce moment charnière de l'Histoire, particulièrement celle de l'Amérique du Nord, les gens ont eu besoin de se sentir davantage en sécurité, d'entendre des messages d'espoir dans un monde devenu soudain plus précaire. Un mois plus tard, après avoir subi un vol de documents dans ma voiture, je me suis vraiment demandé dans quel univers nous vivions... Évidemment, à l'échelle des valeurs, il n'y a absolument aucune comparaison possible entre les événements de New York et l'introduction par effraction d'un cambrioleur dans mon automobile. Des milliers de personnes sont mortes dans l'effondrement des tours. Des milliers de gens décèdent chaque jour dans le monde sous le coup de dictatures, de bombes, de tortures et j'en passe... Alors, il est bien certain que mon petit vol de documents, quelque part dans une rue du Québec, pfff!, il n'y a pas de quoi en faire un plat. Par contre, ce que je tiens à mentionner, c'est que peu importe si l'événement a des ampleurs terrifiantes ou s'il n'est que le simple méfait d'un voyou, il y a une leçon à en tirer qui pourrait changer, soit le cours d'une vie, soit le cours d'une journée, soit une manière d'agir, soit une façon de voir le monde, etc.

Dans une mallette ressemblant à celle d'un ordinateur, je gardais les photos de ma marche à Compostelle, mon journal de bord, les coordonnées des personnes que j'avais rencontrées… Après leur vol, j'ai cherché partout, même dans les poubelles du stade olympique, près duquel le larcin avait été commis. Peut-être que le malfaiteur s'en était départi en constatant que la mallette ne comportait pas l'objet qu'il devait convoiter… Le lendemain, je passai à l'émission de Normand Brathwaite. Malgré ma demande d'aide sur les ondes, aucune nouvelle ne me parvint concernant mes documents.

À mon retour de Compostelle, je donnai de nouveau mes conférences, mais étonnamment, j'y parlais à peine de mon aventure. Après mon discours, j'invitais les gens à regarder mes photos de voyage pendant que je leur expliquais les circonstances autour de chacune d'elles. La majorité s'en allait: il ne restait toujours que deux ou trois personnes.

Deux jours après le vol, je présentai ma conférence à un nouveau public. J'appris aux gens présents dans la salle le larcin dont j'avais été victime. «Comme je n'ai plus mes documents, je vais vous donc vous raconter mon parcours sur le chemin de Compostelle…»

Par la suite, en arriver à dire aux participants que ce vol était la plus belle affaire qui aurait pu m'arriver, relevait presque d'un miracle. Parce que si je ne m'étais pas fait voler, je n'aurais pas raconté Compostelle *durant* mes conférences. Si je ne racontais pas Compostelle, dix-huit mille personnes n'auraient pas été marcher sur ses routes…

Quand il nous arrive des malheurs — passé le choc et les énervements qui s'ensuivent, bien sûr —, il importe de voir les événements sous de nouveaux angles. Comprenez-moi, par contre, je ne dis pas à la vie : « Envoie-moi un gros malheur pour que j'apprenne "à voir et à comprendre" la réalité différemment ! » WO ! Je dis plutôt qu'il nous est possible de changer de lentilles et de voir autrement un événement ou une situation.

Quand on se retrouve devant une porte, on a un choix à faire : l'ouvrir ou la laisser fermée. Mais peu importe notre décision, tout déboulera par la suite, d'un côté ou de l'autre. Je vais reprendre l'exemple des dominos. Imaginez que ceux placés devant vous représentent ce qui pourrait advenir, et ceux derrière vous, tout ce qui va se déclencher. En traversant le seuil d'une porte (ou pas), vous poussez automatiquement des dominos. Tout s'enclenche alors — amenant dans son mouvement autant les bons coups que les difficultés et les achoppements. Par exemple, si je décide d'ouvrir un théâtre d'été, je pousse sur tel domino et une série d'événements s'ensuivent qui peuvent être heureux, malheureux, je ne le sais pas d'avance. Si je décide de ne pas ouvrir un théâtre d'été, je pousse sur un autre domino et une série d'événements surviennent, m'amenant vers des *ailleurs* différents... Là où je veux en venir, c'est à l'importance d'être toujours et chaque jour, de plus en plus conscients des portes qui s'ouvrent et se ferment devant nous. Cette conscience nous permet d'agir avec plus de certitude et de justesse. Mille et une possibilités n'attendent qu'une poussée pour enclencher une réaction en chaîne de dominos et exposer leurs potentiels...

 Un hasard a voulu qu'un voleur s'en prenne à un certain contenu — très important pour moi — dans ma voiture stationnée tel jour, à tel endroit et à telle heure. J'ai choisi de transformer la résultante de cet événement désagréable en ma faveur, après l'émoi et le désordre intérieur passés. Est-ce une nouvelle attitude développée après Compostelle ? Soudain, les demandes de conférences n'ont cessé de s'accumuler dans ma boîte de courriels. Curieusement, les premières années, les entreprises ne voulaient pas que je parle de mon parcours sur le chemin de Compostelle. J'avais beau leur dire que même si j'étais croyant, je ne vendais pas l'aspect religieux de l'expérience ; ils refusaient que je m'attarde sur ce sujet. Depuis cinq ans, maintenant (alors que je donne des conférences depuis douze ans) — depuis le vol, quoi ! —, les employeurs des entreprises insistent sur l'importance d'évoquer mon périple à Compostelle dans mes présentations. Le vent a littéralement tourné de bord...

Les synchronicités ne sont ni bonnes ni mauvaises. Elles sont là. La plupart du temps, des signes nous indiquent que nous n'évoluons pas dans le bon couple, que le travail que nous exerçons n'est pas pour nous, que le voyage que nous nous apprêtons à faire risque d'être désastreux. La décision de rester ou de partir nous appartient toujours, en finale, même si parfois, des situations spécifiques nous poussent à nous en aller, malgré nos résistances farouches. Si je ne veux pas quitter la femme que j'aime, mais qu'elle me montre la porte, ai-je le choix ? La déception amoureuse sera cuisante. Parfois, la remontée est lente, la guérison des plaies semble lointaine, mais tout passe, TOUT. Rappelez-vous, durant ce processus : vos croyances au malheur peuvent vous empêcher de voir qu'il y a d'autres couleurs que le noir dans cette situation. Il en revient toujours à nous de déterminer si la porte que le hasard a ouverte nous convient ou pas…, si nous choisissons d'aller à gauche ou à droite, de continuer notre route ou non, de faire une pause ou de rebrousser chemin.

Il y eut tout de même une période, durant notre croissance, où la tâche était quelque peu plus compliquée. Je vous donne un exemple très simple : nos parents. Ils ont eu la lourde tâche de nous orienter au mieux de leurs connaissances jusqu'à l'âge adulte. Les choix qu'ils ont pris ne représentaient pas nécessairement ceux que nous aurions voulus à cette époque. De plus, la sécurité mise en place pour protéger les enfants s'avérait, habituellement, à la fois une mesure nécessaire, mais contraignante. Les cadres définissaient des limites souvent très étroites, à la limite encombrantes, surtout quand survenait l'adolescence. En ce sens, certains parents (pas tous, bien sûr) ont tendance à imposer leurs décisions (souvent avec justesse, malgré nos regimbements). Pour eux, ces décisions semblent les meilleures pour notre croissance sur tous les plans : physique, affectif, émotionnel, relationnel... Si quelques-uns de leurs préceptes ont borné (parfois même *bordé*) notre enfance, peut-être que certains d'entre eux ne sont plus adéquats aujourd'hui. Il en revient donc à nous de changer ce qui ne convient plus dans notre vie d'adulte.

Qu'on le veuille ou non, nos parents sont au centre même d'un tout premier hasard. Comment se sont-ils rencontrés ? Quels concours de circonstances les ont mis en lien ? Qu'ils aient décidé de s'unir par amour ou pour d'autres raisons, sans eux, nous ne serions pas en train de lire ce livre.

Mes parents sont natifs d'un petit village du bas du fleuve portant le nom de Tourville, dans le comté de L'Islet. Mon père s'occupait de la patinoire du quartier. Il la recouvrait d'eau, entretenait la glace et la grattait l'hiver durant. Ma mère, elle, aimait patiner à cet endroit. C'est là qu'a eu lieu leur rencontre. Elle fut déterminante. L'amour les a enveloppés et peu de temps après, ils ont uni leurs destinées… d'où ma présence aujourd'hui, en ce bas monde. Si mon père n'avait pas été le préposé à la patinoire, je n'existerais tout simplement pas.

Si je recule encore plus loin dans le temps, mes grands-parents du côté maternel m'ont appris à l'âge de quatorze ans que ma mère avait été adoptée. En 1934, mes grands-parents se sont rendus à la crèche — un établissement qui recueille et élève des enfants orphelins —, dans le bout de Québec. Arrivé là-bas, mon grand-père a dit aux religieuses : « Nous voulons adopter une petite fille. » Les sœurs ont placé toutes les fillettes en ligne devant lui et sa femme. Après les avoir regardées une à une, mon grand-père a dit, en pointant un doigt : « C'est elle que nous souhaitons ramener chez nous. » S'il avait choisi une autre petite fille, je ne serais pas ici. Pourquoi elle et pas une autre ? Il s'agit là d'un hasard de la vie, rien de plus, rien de moins. Après une brève discussion, mes grands-parents ont choisi celle qui, dans le temps, allait devenir ma mère. Tout un chacun sommes venus au monde dans des circonstances différentes, mais les bases demeurent les mêmes : des coïncidences. C'est ainsi depuis la nuit des temps…

Certains diront que le choix de mon père a été un acte de Dieu. Parfait ! Je n'ai aucun problème avec cette affirmation. D'autres diront que c'est le hasard. OK. D'autres diront même que le hasard n'existe pas. Encore là, je n'y vois aucun inconvénient. Je me plais à dire qu'il y a un art important à pratiquer en ce bas monde : celui de vivre et de laisser vivre. Je vous invite donc à ne pas porter de jugements sur mes perceptions et mes entendements. Ils m'appartiennent et je les partage avec vous en toute franchise et humilité. Par contre, je vous en prie, ne vous coupez pas des réflexions que mon témoignage pourrait susciter en vous. Et portez attention aux hasards. Les événements arrivant à l'improviste ont peut-être une signification, qui sait ?

Comment percevoir les hasards, les synchronicités ? Comme je vous l'ai mentionné en prémisse de ce livre, je suis loin d'être un expert savant en ce qui a trait à ces sujets. Je crois qu'il faut développer l'art d'être présent. Aussi, faites vos propres recherches (livresques, personnelles…), posez des questions, échangez sur le sujet. Vous découvrirez peut-être, plus et mieux que moi encore, les différents aspects du hasard. Sachez que si vous avez envie de partager avec moi vos découvertes, je suis ouvert à tout apprentissage qui me mènerait vers d'autres paliers de compréhension.

À dix-huit ans, je devais décider de mon choix de carrière. Je me suis inscrit en lettres au Collège Lionel-Groulx de Sainte-Thérèse, dans l'intention de devenir journaliste. Une nouvelle procédure exigeait que les étudiants choisissent eux-mêmes leurs cours optionnels. Le seul pouvant être intégré à mon horaire portait sur le théâtre d'improvisation. Tout mon être se cambrait à cette simple idée. De l'improvisation! Ouash! Jamais dans cent ans je ne me joindrais à cette classe! Je dus pourtant me rendre à l'évidence: je n'avais d'autre choix que de m'y inscrire, puisque ces crédits s'avéraient essentiels à l'obtention de mon diplôme. Quel supplice en perspective puisque je souffrais de timidité maladive!

Un mois plus tard, ma professeure, Sophie Clément, m'attira à l'écart pour me dire: «Toi, arrête de niaiser! Ta carrière future n'est pas celle de journaliste, mais de comédien.» Sa lucidité d'esprit m'a ouvert une porte. J'avais le choix d'y entrer ou de continuer vers une vie plus cadrée et encadrée: le journalisme. J'ai évidemment opté pour le métier de comédien. Heureusement, j'ai réussi dans cette voie. Néanmoins, ne perdons pas de vue que même si ce choix me correspondait, pour X raisons, j'aurais pu aussi et malgré tout, par manque d'opportunités, me retrouver, au bout d'un certain temps, à pratiquer un autre métier: celui de vendeur dans un commerce, par exemple. Rien n'est coulé dans le ciment. Tout peut changer et évoluer... Rien n'est mauvais, non plus: comédien ou vendeur de chaussures, si je suis heureux, voilà ce qui compte. Il n'y a pas de sous-métiers, pas plus qu'il n'y en a de sots.

Aimez-vous votre travail? Que la réponse soit positive ou non, il y a de fortes chances qu'un concours de circonstances, une synchronicité, un hasard, une coïncidence soient à l'origine de votre emploi actuel. Certains adorent leur boulot qui concorde avec leurs valeurs, sans pour autant en retirer un revenu extraordinaire. Ils choisissent d'y rester, car ils y sont heureux. D'autres n'aiment pas leur travail. Ils y sont malheureux. Un jour ou l'autre, la vie les mettra sûrement devant d'autres choix… Sauteront-ils alors sur une occasion?

Même si vous pensez que tout est tracé d'avance, nul doute, des événements et des rencontres fortuites se produiront encore et encore, influençant sans cesse vos prises de décision et votre qualité de vie. Si ce discours vous est inconvenant, qu'il ne fait aucun sens pour vous, soit! Pour d'autres, il a une importance capitale. Donc, je vous en prie, soyez respectueux envers ces personnes et ne *pétez pas leur baloune*. Laissez-les à leurs croyances sans tenter de les dénigrer ou de les ridiculiser. Cela ne changera absolument rien dans votre vie tandis que pour eux, ce sera le tremplin vers d'autres connaissances et pourquoi pas, une vie plus riche de sens et de teintes.

NOTES

Inscrivez vos pensées et vos commentaires :

Si le cœur vous en dit, répondez à ces questions :

1- Qu'est-ce que les hasards, rencontrés sur ma route, veulent m'enseigner aujourd'hui ?

_____
_____
_____
_____
_____
_____
_____
_____
_____
_____
_____
_____

2- Comment pourrais-je devenir encore plus présent(e) aux coïncidences et aux synchronicités dans mon quotidien ?

_____
_____
_____
_____
_____
_____
_____
_____
_____
_____
_____
_____

3- Est-ce que je reconnais le hasard à travers mes rencontres synchronistiques ?

_____
_____
_____
_____
_____
_____
_____
_____
_____
_____
_____

4- Quelle porte pourrais-je ouvrir aujourd'hui pour mon mieux-être intérieur ?

_____
_____
_____
_____
_____
_____
_____
_____
_____
_____
_____
_____

5- Quel que soit mon problème, aujourd'hui, comment puis-je changer d'angle pour le voir autrement?

_____
_____
_____
_____
_____
_____
_____
_____
_____
_____

4. LE HASARD N'EST PAS UNE CROYANCE, MAIS UNE RÉALITÉ

Un coup de dés jamais n'abolira le hasard.
— Stéphane Mallarmé

La vie a parfois de ces hasards qui ne sont pas nécessairement heureux, comme je le mentionnais en introduction. Nous devons faire avec ces événements imprévus; trouver éventuellement un angle qui nous permettrait de grandir et d'évoluer, malgré la déroute intérieure et le sentiment d'avoir perdu en chemin plus qu'il n'en fallait pour une seule personne.

Comme bien des gens, j'ai eu des relations amoureuses merveilleuses, d'autres moins extraordinaires et quelques-unes qui se sont avérées désastreuses. Dans cette dernière catégorie, j'ai même essuyé toute une tempête. Elle m'a littéralement lavé au plan émotif. Elle s'appelait Béatrice. Une belle grande brune. Je suis rapidement tombé amoureux d'elle: de son intelligence, de son humour, de sa beauté. Je vivais un de ces amours qu'on lit dans les romans ou que l'on voit au cinéma. Parfois, ces histoires finissent bien. Parfois, elles finissent mal. C'est ainsi. Rarement, dans notre « illusion », voyons-nous le précipice vers lequel nous nous dirigeons à toute vitesse. Pourtant, des indices sont là : le comportement, les absences, les non-dits et quoi d'autres. Moi, j'ai fermé les yeux, trop enveloppé par la lumière de la relation. C'est correct! L'histoire s'est produite de cette façon. Je ne peux la changer. J'étais envoûté, quoi!

Or, même si quelques ruptures au cours de notre relation ont parfois assombri notre bonheur d'être ensemble, Béatrice et moi avons vécu une belle histoire d'amour qui a duré plusieurs années. Puis, des événements sont survenus, la mésentente s'est installée et voilà qu'un jour, la porte se refermait brutalement sur moi, me laissant pantois, pour ne pas dire, inconsolable.

J'ai paniqué, j'ai pleuré comme un bébé, j'ai détesté, j'ai aimé de nouveau, j'ai détesté encore, puis j'ai aimé… Tout se mélangeait dans mon esprit extrêmement meurtri. Le sempiternel « pourquoi » lié à une peine d'amour revenait sans cesse me hanter, me laissant chaque fois au bord du gouffre. Je cherchais mille et un moyens de rassembler les morceaux, de redonner vie à la part de moi qui croyait avoir tout perdu dans cette séparation. Je ne pensais même pas à me reconstruire tant j'étais brisé intérieurement. Incapable de plus, je me suis mis à parler contre elle, comme si, en dénigrant son image à mes propres yeux et à ceux des autres, je me donnais là des moyens (pas les meilleurs, ça c'est sûr!) de survivre à son départ. J'énonçais tout de même des vérités, mais peut-être quelque peu amplifiées par ma douleur.

Sur le chemin de Compostelle, j'essayais tant bien que mal de m'éloigner de ma souffrance intérieure. Vous vous en doutez, sans véritable succès. Peu importe où l'on va dans notre vie, on ne peut laisser notre souffrance sur le quai d'une gare ou dans le terminal d'un aéroport. Tant que nous n'avons pas décidé de la regarder sous tous ses angles, nous la traînons dans tous nos déplacements. Ce n'est qu'à partir du moment où l'on devient conscient de nos comportements, que l'on peut agir sur eux, les changer, en tout cas, cesser de réagir au quart de tour, dans la peine et la douleur. Restructurer l'être blessé en soi devient alors possible.

Or, sur cette route spirituelle, une rencontre fortuite (ah! ce hasard…) m'a aidé à revenir à des sentiments plus nobles envers cette ancienne blonde. Je marchais depuis trois jours avec une fille que je nommerai Isabelle. Nous avions le sentiment de nous connaître depuis toujours. Le rire meublait nos journées et nous nous saoulions de conversations. Notre bonheur de vivre ressemblait à l'éternité. Un soir, nous nous sommes retrouvés dans une vieille église. Nous avions choisi de grimper et de nous installer chacun sur un matelas de lits superposés et adjacents, de manière à être ensemble. Pour ne pas déranger les dormeurs et assourdir nos mots, nous avions placé une couverture sur nous. Intarissables, nous avons repris le fil de notre échange. Au bout d'un long moment, alors que ma partenaire de voyage semblait être gagnée par le sommeil, je réalisai avec émotion que la personne avec qui je me sentais si bien depuis plusieurs jours, c'était Béatrice, mais en version « française » (elle lui ressemblait comme deux gouttes d'eau), positive et heureuse... Ému, je regardai par la fenêtre. La pleine lune brillait de tous ses éclats dans le ciel d'Espagne. Et là, dans un autre éclair de stupéfaction, je pris conscience qu'à cette même date, des années plus tôt, j'étais étendu auprès de Béatrice, somnolente... Que de la même façon, mon regard s'était tourné vers la fenêtre d'où, encore là, j'avais aperçu la pleine lune répandant sa lumière argentée dans le firmament, et ce, à la même date : le 24 juin. Cette coïncidence ébranla mes assises. Quel hasard ! Quelle étrange coïncidence ! Je sus aussitôt, et sans nul doute, que le moment était venu pour moi de pardonner à celle que j'avais tant aimée, à Montréal, et d'accepter l'idée que la flamme ne pourrait plus jamais se raviver entre nous.

    Ce pardon me libéra... Mais, je n'étais pas sans avoir blessé des gens autour de moi, durant ma peine d'amour. Dans le sillage de mon désarroi, une autre femme en avait récolté les contrecoups. Lorsque j'ai réalisé à quel point mon comportement causait des tourments à cette personne, je m'en suis voulu terriblement. Je méritais largement les bêtises qu'elle fit ensuite pleuvoir sur moi. Je ne l'ai jamais revue. Ne saura-t-elle jamais que, dans mon cœur, la demande d'un grand pardon lui a été adressée dans la plus grande sincérité?

Toute blessure intérieure, quelle qu'elle soit, ne justifie pas les actions injustes. Malheureusement, ce sont souvent nos tragédies qui mettent en relief nos fragilités et notre petitesse humaines. Lorsqu'une parole, un geste, un événement nous mettent en contact avec nos blessures non cicatrisées, des réactions imprévisibles et irrationnelles peuvent surgir, entraînant des conflits, de la violence ou des guerres. En réaction, ces derniers font des *petits*, c'est-à-dire des sentiments qui, à leur tour, génèrent d'autres situations malencontreuses. Un cercle vicieux s'installe et la chute des dominos est rude et parfois violente.

Je ne le sais que trop : il faut du temps pour pardonner, pour réaliser qu'une relation s'établit sur le chiffre *deux* et qu'elle se brise aussi *à deux*. Que la responsabilité ne penche pas d'un seul bord de la balance, mais encore là, des *deux* bords. Mais ça, qui veut le voir au cœur d'un drame?

Choisir de pardonner, c'est carrément briser la spirale de peurs que nous avons créée en nous et qui nous entraîne souvent vers la dépression, parfois même vers le désir irrépressible de mourir. Le pardon apaise l'âme, je peux vous le garantir. Il contribue même, parfois, à des guérisons spectaculaires, tant morales, physiques que spirituelles. Combien de guérisons physiques ont été répertoriées dans les hôpitaux, auprès de patients ayant entrepris de se libérer du ressentiment et de leurs désirs de vengeance? Combien d'autres ont été rapportées dans différents livres ou magazines à la suite d'une démarche de pardon?

J'ai compris, avec le temps et bien des remises en question, qu'un nettoyage en profondeur est nécessaire pour désobstruer nos conduits affectifs et relationnels pollués. Dernièrement, en me rendant à Radio Ville-Marie, j'ai croisé ma collaboratrice, Marilou, avec une de ses copines, dans un des couloirs du château Saint-Ambroise. Elle m'invita à me joindre à elles pour le dîner. J'ai accepté d'emblée. Pendant le repas, il fut question d'un médecin hawaïen, Ihaleakala Hew Len, qui avait guéri tous les patients aliénés — des criminels de guerre dangereux —, d'une aile psychiatrique de l'hôpital de l'État d'Hawaii, et ce, sans même les approcher, sans même les toucher. Comment cela pouvait-il être possible? L'entrevue que le docteur Len accorda à l'auteur américain Joe Vitale m'éclaira davantage[3] :

En écoutant parler de ce médecin, je me suis dit que nous tous, sur la planète, sans

---

3. Voir http://www.lapetitedouceur.org/pages/Hooponopono_Pardonnemoi_je_taime-654417.html.

exception, avions un pardon à étendre à quelqu'un ainsi qu'à nous-même. Nous tous avions aussi à demander pardon et à nous faire pardonner. En ce sens, il faut être à l'écoute des hasards qui mettent sur notre route, des gens auxquels pardonner... À preuve de ce que j'avance, une fille dans le début de la trentaine, venue assister une de mes conférences sur le hasard, me dit après la rencontre : « Depuis cinq ans, je ne parle plus avec ma mère, je ne sais même plus où elle habite et, curieusement, en entrant dans la salle, ce soir, mes yeux ont rencontré aussitôt les siens. C'est quand même curieux, je viens assister à une conférence sur les coïncidences, et voilà que ma mère se trouve dans la même salle. » Elle termine en me disant : « Je ne sais pas ce que cela veut dire... » Eh bien moi, je le sais : ou bien elles se parlent et se pardonnent toutes les deux, maintenant, ou sinon, il y a de fortes chances qu'elles ne se reparleront jamais.

Est-ce que nous devons prendre la responsabilité de tous les problèmes de l'humanité sur nos épaules ? Je ne le sais pas. L'important, je crois, est de saisir l'occasion de pardonner... Il n'existe pas de recettes miracles. Par contre, la bonne volonté et le désir profond de transmuer nos actes les plus vils sont les conditions essentielles à la réussite de cette démarche. Rien ne peut davantage que l'amour pour apporter la paix intérieure tant recherchée.

De grands personnages ont marché sur notre planète : Gandhi, Martin Luther King, le pape Jean-Paul II, et combien d'autres. Chacun d'eux nous a appris le véritable sens de la compassion et de l'amour. Mahatma Gandhi, l'apôtre de la paix et l'âme principale du mouvement d'indépendance nationale de l'Inde, a fondé toute son action sur le principe de la non-violence. Martin Luther King, pasteur américain de race noire, a reçu le prix Nobel de la paix en 1964 pour le travail d'intégration de ses pairs sans recours à la révolte ou au combat. Le pape Jean-Paul II, dans un geste de grande compassion, a pardonné à l'individu qui a cherché à l'assassiner, allant même jusqu'à s'entretenir avec lui en prison.

Notre baromètre intérieur connaît exactement le moment propice pour nous, de nous engager sur le sentier de la résolution des conflits. Cependant, notre saboteur, celui qui nous fait croire que nous n'avons aucune raison de pardonner, le sait, lui aussi. D'ailleurs, il peut se montrer très virulent lorsque nous prenons la décision de pardonner. Soyons vigilants et évitons de nous laisser paralyser par cette voix persuasive et trompeuse.

Pardonner veut simplement dire *ouverture* ou, si vous préférez, un grand OUI. OUI, je veux me défaire de mes illusions et de mes scénarios que j'ai tissés autour d'un événement. OUI, je veux retrouver mon cœur d'enfant, libre, authentique, heureux. OUI, je veux entreprendre le passage important de la dépendance à l'autonomie. OUI, je veux m'alléger du fardeau de souffrances qui pèse lourdement sur mes épaules. OUI, je veux tracer un pont entre moi et l'autre. OUI, je veux guérir mon âme blessée et repliée sur elle-même. OUI, je veux briser le cercle de colère et de haine qui encapsule mon cœur. OUI, je veux retrouver le souffle de l'émerveillement et les gestes gratuits.

Évidemment, la bonne volonté ne suffit pas non plus pour offrir le pardon. Il est quelquefois nécessaire d'entrer au cœur du silence et d'attendre un certain temps avant de pouvoir en venir au pardon. Je dis cela, parce que nous ne sommes pas tous comme ce médecin hawaïen qui a guéri des gens profondément affectés. Parfois, nous sommes têtus, obstinés. Tôt ou tard, par contre, il nous apparaîtra nécessaire de prendre la route du pardon, de l'amour et de la compassion.

Le nombre de personnes à qui pardonner ou desquels se faire pardonner importe peu. Entreprendre cette démarche est le plus important. Un bon matin, vous vous réveillerez le cœur plus heureux, un fardeau de moins sur les épaules. La vie est courte. Créons-la à l'image de nos désirs les plus profonds et les plus humbles. Et rappelons-nous ces mots de Bossuet : « Une plume divine écrit notre histoire pour la publier un jour. Songeons à la faire belle. »

NOTES

Inscrivez vos pensées et vos commentaires :
_____
_____
_____
_____
_____
_____
_____
_____
_____
_____
_____
_____
_____
_____
_____
_____
_____
_____
_____
_____

Si le cœur vous en dit, répondez à ces questions :

1- Quel événement, au hasard de la vie, m'a plongé dans le désarroi, la peine, la tourmente du cœur ?

_____
_____
_____
_____
_____
_____
_____
_____
_____
_____

2- Comment ai-je réagi à une réponse négative de l'autre à mon égard ?

_____
_____
_____
_____
_____
_____
_____
_____
_____
_____

3- Comment pourrais-je faire de l'espace en moi pour considérer la possibilité de pardonner à l'autre ?

_____
_____
_____
_____
_____
_____
_____
_____
_____
_____
_____
_____

4- Quelle est la personne la plus affectée, la plus touchée par le pardon offert ?

_____
_____
_____
_____
_____
_____
_____
_____
_____
_____
_____
_____

5- Quel(s) geste(s) vais-je poser aujourd'hui, pour effectuer un pas dans le processus de rencontrer l'autre à un autre niveau, pour harmoniser mes relations mises sur ma route au hasard de la vie et parfois, dans d'autres circonstances?

_____
_____
_____
_____
_____
_____
_____
_____
_____
_____
_____

5. EXEMPLES DE HASARD CHEZ DES PROCHES

Un événement n'est-il pas d'autant plus important et chargé de signification qu'il dépend d'un plus grand nombre de hasards…? Seul le hasard peut nous apparaître comme un message.
— Milan Kundera

Qui n'a pas fait l'expérience des hasards dans sa vie? On dit souvent: «Il n'y a pas de hasard.» Oui. C'est vrai. Je me plais moi-même à le dire, ce qui peut être assez confondant, parfois. «Ohé, Marcel! Tu crois ou tu ne crois pas au hasard?» En réalité, je crois à des événements qui surviennent à la suite d'une multitude de circonstances synchronistiques (de causes à effets) que certains appelleraient des probabilités. Leurs résultantes nous poussent alors à affirmer qu'il n'y a pas de hasard. Je crois également que le hasard existe dans nos vies, tout comme dans la nature elle-même. «Les inventions de la nature composent une symphonie dont les biologistes ont cherché la partition… pour découvrir que la diversité exubérante du vivant était le fruit d'un improvisateur génial : le hasard[4]. »

Ma fille Laurence, que plusieurs connaissent comme actrice, a vécu un merveilleux, mais improbable hasard, quand on y pense sérieusement. Bien sûr, vous me direz qu'elle l'a nécessairement provoqué, car assise chez elle, les chances auraient frisé le zéro qu'elle rencontre le dalaï-lama, grand personnage qu'elle admire au plus haut point. Mais je vais trop vite. Laissez-moi revenir un peu en arrière.

Laurence a toujours été certaine qu'un jour, elle rencontrerait le dalaï-lama, mais sans toutefois faire de démarche pour que cela advienne. Un bon matin, elle part visiter l'Inde pour une période d'un mois avec trois personnes. Elles prennent les services d'un chauffeur de taxi — qui se trouve être un bouddhiste — pour voyager çà et là vers l'inconnu. Elle n'a pas planifié d'aller au temple du dalaï-lama. Son voyage est strictement touristique. Un jour, le chauffeur les amène dans un petit village de l'Himalaya. En descendant de l'automobile, elles aperçoivent un petit attroupement. Le centre d'intérêt : le dalaï-lama. Il est assis sur une chaise et parle aux gens. Voyant des touristes arriver — les seuls —, il quitte son groupe et va les saluer. Il regarde alors Laurence

---

4. E. Rauscher, M. Valin, C. Beaudoin et F. Lassagne, « Sans hasard, il n'y aurait pas de vie », *Science et vie*, août 2007, pp. 48-54.

droit dans les yeux : moment d'intensité qu'elle ne pourra jamais oublier. Elle est bouleversée. Le chauffeur de taxi, quant à lui, est surexcité. Il dit à ma fille que cette rencontre fortuite est bonne pour sa vie présente et même pour celle d'après. Elle a gagné une *free game*, comme on dit.

Le hasard était au rendez-vous, mais personne n'aurait pu le prévoir. Si je vous ramène à mon histoire, comment se fait-il que mon grand-père et ma grand-mère, en 1934, se soient rendus chez les religieuses pour adopter une petite fille et que, de toutes celles alignées devant eux, ils aient choisi celle qui allait devenir ma mère ? Il y a un appel, dans cela. Il y a un appel, j'en suis certain.

Avant que Laurence ne vienne au monde, je croyais que je n'aurais qu'un seul enfant : une fille. Pas compliqué, j'en avais fait la demande expresse à l'univers… Deux mois avant la naissance de Laurence, dans un rêve, m'est apparu une petite fille aux cheveux bouclés blonds et avec de grands yeux bleus. Dans ce rêve, je savais sans l'ombre d'un doute qu'il s'agissait de ma fille. Elle me tendit la main pour que je la tire vers moi. Je me suis exécuté et, aussitôt, elle est devenue un cheval blanc avec des ailes. Moment de pure magie : c'était Laurence.

Quant à mon fils Emmanuel, j'ignorais qu'un événement inusité avait précédé sa venue au monde. Après mon arrivée à la cathédrale de Saint-Jacques-de-Compostelle, je suis allé chercher mon certificat ; un simple bout de papier authentifiant que j'avais effectué le parcours complet du pèlerin. La dame qui devait écrire mon nom sur le certificat me demanda à plusieurs reprises de répéter mon nom. « Marcel Leboeuf. Je m'appelle Maaaaarcel Leboeuf. » Étant Espagnole, elle éprouvait des difficultés à bien saisir mon accent québécois. Quand elle eut inscrit enfin mon nom, j'ai roulé le document comme un parchemin et je l'ai mis dans mon sac à dos sans le regarder, n'ayant pas mes lunettes. Puis, après avoir versé quelques larmes dans cette ville sacrée, j'ai repris l'avion vers Montréal. Chez moi, j'ai placé le certificat dans une boîte avec d'autres documents à faire laminer...

À cette époque, jamais je n'aurais pensé avoir un autre enfant, et qui plus est un garçon. Pourtant, trois ans plus tard, en 2008, je suis dans la chambre de mon fils Emmanuel, qui a alors sept mois. Il est trois heures du matin, il n'arrive pas à trouver le sommeil. J'entre, j'allume la lumière, je le prends dans mes bras et le promène dans la chambre. Arrivé devant mon certificat — encadré depuis peu — je m'approche pour le regarder de plus près, ce que je n'avais jamais fait auparavant. En le scrutant, je sursautai... Était-ce l'effet de l'éclairage tamisé ? Je m'avançai encore plus près... QUOI ! Ce n'était pas mon nom qui se trouvait inscrit sur le papier. L'écriture dévoilait plutôt un « Emmanuel » Leboeuf. J'étais stupéfié, estomaqué, incapable de bouger d'un iota. Je réalisais, tout à coup, que la présence de mon fils avait flotté dans mon monde bien avant son incarnation...

Comment interpréter cette situation ? Je ne le sais pas, mais quel hasard ! Finalement, mon fils a bien dormi cette nuit-là, mais mon sommeil, lui, fut complètement perturbé, vous vous en doutez bien.

Mon autre garçon, Olivier, m'a également annoncé sa venue éventuelle de manière encore plus discrète, plus subtile. Des années après avoir parcouru le chemin de Compostelle, un soir que je regardais mes photos, je m'arrêtai sur l'une d'elles. Je ne savais pas pourquoi, elle me touchait plus que les autres. Je me sentais ému, jusqu'à ce que je réalise que, sur l'image, j'étais accoté sur un olivier. Bon, bon, je vous entends vous exclamer : « Ça y est, Marcel cherche des signes partout ! » Ça, mes amis, ça s'appelle *ne pétez pas ma baloune !* Ça me fait du bien, laissez-moi mes signes.

Un autre hasard qui m'a profondément touché est l'expérience étonnante pour ne pas dire exceptionnelle vécue par Marilou Brousseau, ma collaboratrice pour ce livre. Je vous la raconte dans les grandes lignes.

Abandonnée par ses parents, Marilou a été placée dans un orphelinat et ensuite en centre d'accueil. Dans cette institution, pour oublier ses tourments, elle plongea son esprit dans différentes lectures, au point d'être surnommée *l'intellectuelle* de la place. Avec le temps — les épreuves et la drogue aidant —, elle ne trouva plus aucun sens à sa vie. Un jour, incapable d'en supporter davantage, elle décida que son passeport sur terre avait atteint sa date d'expiration et qu'elle devait partir pour un autre monde. Malgré ses quinze ans, elle obtint facilement une prescription de calmants. Le jour venu, alors qu'elle se dirigeait vers sa chambre pour commettre l'irréparable, elle croisa une des dix-sept pensionnaires du centre. La fille lui tendit un livre en lui disant :

« Tiens, ma mère m'a donné ce bouquin, mais je ne le lirai pas. Je te le donne, toi, l'intellectuelle, tu en fais ce que tu veux. »

Marilou s'empara du livre sans même y prêter attention. Dans sa chambre, elle le lança sur son lit et se dirigea vers la salle de bain contiguë afin de se prendre un verre d'eau. En revenant, elle jeta distraitement un regard sur le lit. Choc! L'ouvrage révélait une couverture sur laquelle un avion traversait une bande de nuages. Marilou cessa presque de respirer, car son rêve, depuis l'enfance, avait toujours été de devenir pilote d'avion ou astronaute! Le cœur battant, elle déposa son verre, prit le livre dans ses mains... et survint alors l'improbable. En l'ouvrant au hasard, elle tomba sur la BONNE page, au BON moment. Des mots, écrits noirs sur blanc, invitaient Marilou à reconsidérer son geste : « La partie peut se terminer au moment où je le désire, mais il y a un autre jeu encore plus intéressant, celui de piloter des avions et de rester en vie[5]. » Ces mots stupéfièrent Marilou. Quelle synchronicité ! « Comment savoir ce qui aurait pu survenir de bon la minute suivant le geste fatal ? » Aucune chance à prendre ! Mue par une soudaine force intérieure, Marilou se dirigea rapidement vers la salle de bain et déversa dans la toilette le contenu de son flacon de pilules. Après une longue nuit de lecture, une autre décision fut prise au petit matin : elle serait écrivaine tout comme l'auteur américain et pilote d'avion, Richard Bach qui, sans le savoir, l'avait tirée de la mort, la veille. Au fil des années, à qui lui demandait : « Quel est ton plus grand rêve ? », sa réponse était systématique : « Je vais rencontrer Richard Bach. » Sa réponse ne se conjuguait jamais au conditionnel. Convaincue, elle ne se laissait nullement impressionner par les personnes qui la considéraient comme irréaliste et rêveuse. Selon eux, puisque peu de gens sur la planète avaient réussi l'exploit de le rencontrer, pourquoi Marilou, une illustre inconnue, y parviendrait-elle ?

Elle savait mieux que quiconque…

Marilou devint effectivement écrivaine. Le temps passa. Elle ne fit aucune recherche pour communiquer avec Richard Bach, sachant dans son for intérieur que la vie ouvrirait les bonnes portes en temps et lieu. Tout se précisa, finalement, il y a neuf ans de ça. Un de ses

---

5. Richard Bach, *Stanger to the ground*, Dell Publishing, New York, 1963, p. 141.

éditeurs avait réussi à obtenir les droits de traduction et de publication d'un des livres de cet écrivain. En apprenant cette nouvelle, son cœur ne fit qu'un bond. Elle «savait» au plus profond d'elle-même que l'heure de la rencontre venait de sonner. À la demande de Marilou, l'éditeur écrivit à Richard Bach pour obtenir un rendez-vous avec elle. Très poli, l'écrivain refusa cette invitation. Pour Marilou, il ne s'agissait là que d'une erreur d'aiguillage. Elle insista auprès de son éditeur. Après un nouveau courriel envoyé cette fois-ci avec une demande différente, l'éditeur lui transféra, le lendemain, la nouvelle réponse de Richard Bach, soit un autre «non», très diplomate et poli. L'inusité, dans cette histoire, c'est que par le biais de ce message transféré, Marilou a pu avoir accès à l'adresse courriel de Richard Bach. Sans hésiter une seule seconde, elle lui écrivit donc une petite note. Elle lui mentionna qu'elle respectait son retrait, son désir de rester dans l'ombre. Cependant, elle ajouta qu'il lui avait sauvé la vie alors qu'elle avait quinze ans, et qu'elle ferait des kilomètres et des kilomètres à pied si elle savait qu'il l'attendait au bout de la route.

    Évidemment, ce genre de courriel ne s'envoie pas d'une simple pression de doigt. Marilou prit une profonde respiration et s'imagina lui envoyer son âme. Or, c'est précisément ce que l'auteur perçut... Avec une gentillesse inouïe, il lui déclara avoir reçu d'innombrables lettres, tantôt d'amour, tantôt de haine (il reçut notamment son livre *Jonathan Livingston le goéland* découpé en petits morceaux avec une missive lui disant qu'il était l'antéchrist), mais que, touché particulièrement par celle-ci, par les mots de Marilou, non seulement voulait-il la rencontrer, mais il l'invitait à séjourner sur son île.

À partir de ce moment, tout le monde autour de Marilou se réjouissait de sa grande chance.

Deux semaines plus tard, elle prenait l'avion jusqu'à Seattle et un hydravion l'amenait sur l'île où réside le célèbre auteur. Après l'amerrissage, elle retrouva celui qui lui avait sauvé la vie : moment intense, des plus émouvants. Elle passa plusieurs jours auprès de celui qui représentait le « père spirituel » de son adolescence.

Au terme de ce séjour, Richard Bach, ému, lui tendit un cadeau : c'était un vêtement de couleur grise, une chemise grise en velours côtelé, sa « chemise d'écrivain », celle avec laquelle il avait écrit ses plus grandes œuvres. Touchée, Marilou versa une larme. À sa manière, l'écrivain lui remettait « symboliquement » le flambeau...

Pour Marilou, c'était aussi — après tant de doutes — la confirmation éclatante qu'elle était sur la bonne voie, dans son métier. À son retour à Montréal, une correspondance s'ensuivit entre elle et l'auteur...

Après avoir raconté son extraordinaire aventure à un ami éditeur, Alain, celui-ci l'invita à écrire son aventure, peu importe si celle-ci devait être publiée... Ce n'était pas l'éditeur, mais l'ami — et aussi, un grand admirateur de Richard Bach — qui s'adressait à elle. Pendant neuf ans, elle refusa systématiquement cette invitation ponctuelle. Or, un jour, qu'elle et Alain se trouvaient attablés dans un restaurant, elle ressentit une impulsion. Elle lança un « OUI » que son ami eut de la difficulté à interpréter, car leur conversation portait sur un tout autre sujet. Après avoir prononcé de nouveau son « OUI », Alain comprit que Marilou venait enfin de se décider à écrire le livre de sa rencontre avec Richard Bach. En raison de leur grande amitié, Marilou décida de publier son livre dans sa maison d'édition[6]. Le lendemain de cette rencontre, elle demanda l'autorisation écrite de Richard Bach de rédiger une fiction basée sur leur rencontre. L'auteur accepta aussitôt.

Pourquoi Marilou, après toutes ces années, avait-elle décidé subitement d'acquiescer à la proposition d'Alain ? Une intuition profonde ? Dès les premières lignes de ce récit posées sur papier, l'impensable, l'indescriptible se produisit :

> **« L'une des figures de proue de la littérature spirituelle aux États-Unis, Richard Bach, était toujours hospitalisé dimanche dans un état critique à la suite d'un accident d'avion survenu samedi [...]**

---

6. Marilou Brousseau, *La Chemise de l'écrivain*, Éditions le Dauphin Blanc, Québec, 2013.

L'écrivain, âgé de 76 ans, auteur du grand roman à succès *Jonathan Livingston, le goéland*, pilotait un petit avion qui s'est écrasé vendredi, à environ cinq kilomètres à l'ouest de l'aéroport Harbor de l'état de Washington. Alors qu'il s'apprêtait à atterrir, l'appareil a heurté des fils électriques et piqué du nez, après quoi Bach a été transporté à l'hôpital Harborview de Seattle[7]. »

Blessé gravement à la tête, à la poitrine et à la colonne vertébrale, Bach demeura de longues semaines dans un coma qui le maintint quatre mois à l'hôpital. À son réveil, il souffrait d'aphasie ; aux dernières nouvelles, cela semblait se résorber peu à peu. Jamais, dans cette condition, ce grand homme n'aurait pu confirmer à Marilou qu'il acceptait qu'elle écrive sa fiction.

Dans cette suite d'événements, les hasards ont été tout simplement incroyables, pour ne pas dire phénoménaux. Quelque chose de plus grand a mené ces deux êtres à une rencontre d'âmes que rien ne permettait de prédire dans la réalité. Dieu merci, Richard Bach se porte mieux, aujourd'hui.

Les hasards habitent notre quotidien. Lorsque nous leur sommes attentifs, une porte s'ouvre, puis une autre. Il en revient à nous de saisir l'occasion de tourner ou non leur poignée. Changer de chemin, effectuer de nouveaux

---

7. http://www.lapresse.ca/arts/livres/201209/02/01-4570440-lecrivain-richard-bach-blesse-gravement-dans-un-ecrasement-davion.php.

choix et transformer nos habitudes n'est pas toujours évident, j'en conviens. Le hasard nous montre pourtant la voie, si nous savons être à son écoute. Il peut s'agir d'un congédiement, d'une séparation, d'un accident, d'un bris mécanique sur la route qui entraîne une rencontre inopinée. La réflexion devient alors notre meilleure alliée dans la nouvelle direction à prendre. Car même si, d'apparence, ces événements semblent négatifs, notre façon de les appréhender fera toute la différence, dans le temps. Ce changement d'alignement peut prendre une journée, une année ou même plus à se produire, mais, assurément, si nous sommes ouverts à voir et à réagir autrement, notre initiative apportera dans son sillage des occasions de vivre de manière beaucoup plus satisfaisantes.

Dans le stationnement de ce que je croyais être l'école secondaire où j'allais donner une conférence, je réalisai qu'elle était entouré de barbelés. Le directeur, en me voyant arriver, perplexe, me dit : « Je pense que vous ne savez pas où vous êtes, n'est-ce pas ? » Il m'apprit que je me trouvais dans une école de réforme et que non, je n'allais pas parler à une centaine d'élèves, mais bien à huit jeunes ayant chacun trois intervenants qui les accompagnaient. Ce jour-là, j'ai donné ma conférence la plus émouvante à vie. Je ne pouvais pas parler de n'importe quoi à ces jeunes qui avait volé, violé, commis de nombreux graves méfaits. Il s'en fallut de peu pour que je me mette à pleurer devant eux en leur racontant mes histoires de forêts et de chemin de Compostelle (parmi lesquelles j'évoquais bien entendu mes aventures et mes grandes prises de conscience). L'un des jeunes avait cinq intervenants à ses côtés, car personne ne savait trop comment il réagirait. Il ne parlait plus depuis six mois, en réaction à une promesse non tenue de sa mère qui avait failli à venir le voir la journée de son anniversaire. Non seulement ne s'est-elle pas présentée, mais pendant de longues semaines, elle n'a donné aucune nouvelle. À la fin de ma conférence, le garçon se précipita vers moi en disant : « Merci beaucoup, monsieur Leboeuf. Quand je vais sortir d'ici, moi aussi, je vais aller marcher sur les chemins de Compostelle. » Trois ans plus tard, il se retrouvait sur ses sentiers, du côté français. Il dénicha un travail dans un garage européen, prit un cours pour devenir mécanicien et ne revint plus jamais au Québec.

Les incidents ou accidents quotidiens (banals ou exceptionnels) sont en eux-mêmes des hasards, des coïncidences, des synchronicités ou une suite de causes à effets. Ils surviennent à tout moment de la journée et de la nuit. Même si l'aventure nous apparaît mauvaise sur le coup et que nous avons l'impression d'être perdant, il y a fort à parier qu'à long terme, les expériences que nous en tirerons nous entraîneront vers des réalités inattendues… peut-être négatives, mais aussi, fort probablement bénéfiques.

NOTES

Inscrivez vos pensées et vos commentaires :

_____
_____
_____
_____
_____
_____
_____
_____
_____
_____
_____
_____
_____
_____
_____
_____
_____
_____
_____
_____
_____
_____
_____

Si le cœur vous en dit, répondez à ces questions :

1- Êtes-vous conscient des hasards dans votre vie ?

_____
_____
_____
_____
_____
_____
_____
_____
_____
_____
_____

2- Nommez un hasard qui a changé le parcours de votre vie ?

_____
_____
_____
_____
_____
_____
_____
_____
_____
_____
_____
_____

3- Qu'est-ce qui, de ce hasard, a contribué à votre mieux-être (ou votre mal-être) ?

_____
_____
_____
_____
_____
_____
_____
_____
_____
_____

4- Acceptez-vous l'idée même du hasard ? Je vous invite à développer votre réponse. Soyez sincère, sans juger votre expérience ou celle des autres qui pourrait être contraire à la vôtre.

_____
_____
_____
_____
_____
_____
_____
_____
_____

5- Si votre réponse est négative, demandez-vous si cela provient d'une insécurité en vous ou si l'idée du hasard en soi ne vous convient tout simplement pas.

6. LA SYNCHRONICITÉ DES RENCONTRES

Il faut bien croire au hasard, parce que souvent, c'est la seule chose qui peut expliquer ce qui nous arrive. On croit avoir un certain contrôle sur sa vie, puis, soudain, tout bascule, tout est chambardé, à cause d'une rencontre fortuite ou d'une simple conversation. Dans certains cas, on peut même appeler ça le destin tellement le changement provoqué est important et profond.
— Michel Tremblay

Le mot *synchronicité* suscite parfois de la peur tandis que les coïncidences productrices de sens semblent plus accessibles à l'esprit humain. Personnellement, ces dernières me parlent beaucoup, tout comme les concordances et les opportunités. Je nommerai ici les hasards qui entraînent une ouverture de conscience, des *hasards de percée*. Ces hasards sont différents en ce sens qu'ils sont si puissants, si révélateurs qu'ils ne peuvent apporter, à leur suite, que de grands changements personnels. Encore là, vous avez toujours le choix d'accepter les réalités qu'ils pourraient occasionner ou de les refuser… Mais, entre vous et moi, quand le hasard provoque une percée, une ouverture dans la conscience, une brèche dans notre hypnose quotidienne, le choc est habituellement si grand qu'il laisse en nous une envie irrépressible d'agir. Pourquoi réfréner ce mouvement ?

Depuis que nous sommes au monde, que nous sommes capables de nous traîner par terre et ensuite, de nous redresser pour marcher, nous sommes appelés à effectuer des choix : à jouer avec telle personne ou pas, à tel jeu ou un autre, à faire un devoir ou pas, à sortir avec la voisine (ou le voisin) ou pas, etc. Puis, finalement, et pour la plupart d'entre nous, vers l'adolescence, nous cherchons à sortir du giron familial. Nous nous détournons tranquillement (ou radicalement) des choix qui ne nous conviennent plus ou pas, qui ne nous concernent plus ou pas. Dans ce processus de réappropriation de notre pouvoir décisionnel, tôt ou tard, il nous faut envisager de cesser d'en vouloir à nos parents. Ils ont peut-être, à l'occasion, effectué de mauvais choix pour nous — comme tous les parents de la terre, en réalité. Mais demeurer dans la rancune, et pour certains, dans la haine, n'apporte pas grand-chose, sinon un stress supplémentaire, un fardeau difficile à porter sur le chemin de l'apprentissage. Nous avons toujours le choix de poursuivre dans la lignée de ce que nos parents nous ont appris ou bien, de nous détourner, de fermer la porte pour en ouvrir une nouvelle. Un jour ou l'autre, de toute façon, nous devrons apprendre à faire des choix, à voyager de manière autonome dans notre existence. Cela ne veut pas dire de cesser de demander des conseils. Cela signifie simplement qu'en dernier lieu, nous sommes et serons toujours les seuls et uniques décideurs.

Je le répète, je ne suis pas un spécialiste. Si je vous ouvre une porte, tant mieux : peut-être aurez-vous envie d'en connaître davantage sur vous-même et d'aller vous ressourcer auprès de personnes qui ont développé une expertise en la matière. Pour tout vous dire, ce serait logique de ne jamais s'arrêter, de poursuivre notre apprentissage ici, ailleurs, plus loin... Lorsque notre conscience s'« élargit », les changements peuvent devenir plus significatifs et la clarté plus vive pour nous guider, pour éclairer notre route. À quoi cela servirait-il de nous battre contre ce que les hasards nous présentent ? Bien sûr, ils détiennent certaines « cartes », mais nous seuls pouvons ensuite donner vie aux possibles qu'ils nous proposent. Aimer notre chemin, c'est se détendre, s'abandonner (je n'ai pas dit de ne rien faire, là!) Il s'agit aussi de prendre les décisions qui nous feront découvrir les joies du pardon, de la gratitude, de la confiance, de l'acceptation, de la beauté, de la simplicité, du respect... S'intéresser à tous ces thèmes, c'est leur permettre d'entrer dans notre existence.

Sur le chemin de Compostelle, j'ai rencontré une fille qui portait le prénom de Marie. Nous nous sommes connus le jour de mon départ, après que j'aie lu l'épître à Puy-en-Velay. Je marchais déjà depuis une semaine lorsque le hasard nous a conduits, Marie et moi, au même gîte. Le matin, alors que nous étions attablés devant un petit-déjeuner (si j'étais allé manger une heure plus tard ou plus tôt, je n'aurais jamais revu cette femme), elle me demanda de l'accompagner dans la traversée des sept kilomètres à venir. Elle se disait inquiète de ce passage dans la forêt. J'ai acquiescé, car même si parfois la solitude est essentielle, les rencontres sont tout aussi importantes.

En avançant à ses côtés, j'ai réalisé assez rapidement qu'elle n'avait pas inventé le mot *conversation*. Elle se murait dans le silence, pour ne pas dire dans le mutisme le plus complet.

Au bout d'une heure, elle me lança :

— Veux-tu savoir pourquoi je marche, Marcel ?

— Euh… oui, bien sûr !

— Je marche parce que j'en veux à Dieu.

— Qu'est-ce qu'il t'a fait ?

— Mon mari est mort d'un cancer, il y a un an…

Je compris que cette femme portait en elle une peine et une colère immenses, difficiles à contenir… Marcher le chemin de Compostelle représentait son ultime moyen de trouver une réponse à cette « injustice ». En voyant Marie si malheureuse et incapable d'atténuer sa souffrance, je me suis fait un devoir de lui changer les idées. Au bout d'un moment, je ne sais trop pourquoi, je lui ai révélé ma date d'anniversaire.

— Je suis né le 15 juillet 1954. Et toi?

À peine ma date de naissance énoncée, Marie s'arrêta, estomaquée. Son mari décédé était né le même jour, mais pas à la même heure. À partir de ce moment, l'atmosphère changea complètement. Elle me regardait comme si, à travers moi, le « chemin » lui envoyait un signe. Plus encore, pour elle, j'étais LE signe. Son chum, de l'autre côté du voile, lui donnait son approbation par ma présence à ses côtés : « Tu es au bon endroit, ne lâche pas. Continue de vivre ta vie, Marie… »

Bon, une petite parenthèse s'impose ici.

Quelles étaient les chances de marcher dans une *trail* à l'autre bout du monde, loin de toute civilisation, avec une pure inconnue, dont la date de naissance du mari décédé s'avère être LA MÊME QUE LA MIENNE?

Cette histoire s'est terminée dans la joie, et Marie est retournée chez elle avec la paix dans son cœur.

Ce synchronisme m'a beaucoup touché. Durant les trois jours de marche qui ont suivi ce moment de grande intensité, Marie a tout de même compris que je n'étais pas la réplique de son chum. Que lui et moi avions des personnalités différentes. Que nous ne pensions pas de la même manière.

Cette rencontre et toutes celles qui ont suivi (et même les précédentes, mais je ne le savais pas alors) ont été marquées des sceaux de la coïncidence, du hasard, des synchronicités.... Ce qui a changé entre mon *avant* et mon *après* Compostelle, c'est que je me suis mis à leur porter une attention plus particulière. Avant, je voyageais plus ou moins conscient de leur réalité, sauf quand ils s'imposaient brutalement.

Il s'agit parfois d'un moment, d'une décision pour que la vie prenne une autre direction. Ce matin-là, si je n'avais pas mis mon cadran à *snooze*, pour un autre petit dix minutes de sommeil, aurais-je marché tout ce chemin avec Marie et vécu des concordances incroyables ? Aurai-je, alors, rencontré une personne qui aurait eu une incidence, mais autre, sur ma vie, ou sur la sienne, ou sur les deux ? Je ne le sais pas ! Ce que je sais, par contre, c'est qu'une seule minute, que dis-je, une seule seconde peut transformer une journée et même, un destin.

Dans le film de science-fiction américain *Retour vers le futur* (Back to the Future), de Robert Zemeckis, l'adolescent Marty McFly se voit propulsé en 1955 (depuis l'an 1985), à bord d'une machine à voyager dans le temps fabriquée par le docteur Emmett Brown. Prisonnier d'une époque qui n'est pas la sienne,

Marty doit de toute urgence aider le *Doc* à trouver les 2,21 gigawatts nécessaires au convecteur temporel de l'engin transporteur, car sans cela, point de retour en 1985... Connaissant le futur, ils savent que la foudre va s'abattre sur le clocher de l'Hôtel de Ville la semaine suivante et produire ainsi l'énergie suffisante pour permettre à la Dolorian (la voiture-machine-à-voyager-dans-le-temps) de ramener Marty à son époque d'origine. Néanmoins, un autre obstacle se dresse devant eux : ils doivent résoudre — avant le départ — les paradoxes temporels qui ont été déclenchés à la suite des interventions de Marty dans le plan temporel 1955...

Il faut savoir qu'au départ, dans ce film-là, le père de Marty, George, est une personne incapable de force morale qui se laisse écraser systématiquement par son patron, Biff Tannen. Sa mère, Lorraine, est alcoolique et incapable de tenir une maison propre. Elle répugne le fait que son fils sorte avec Jennifer, une fille d'un milieu plus huppé. Quant au frère et à la sœur de Marty, leur avenir ne s'annonce pas très rose en raison de leurs comportements irresponsables.

Dans ce voyage dans le passé, Marty rencontre ses parents, Georges et Lorraine, qui sont amoureux. Mais sa rencontre inopinée avec eux crée un bouleversement temporel et modifie le futur. Doc et Marty réalisent l'impact de son interférence dans les événements du passé en regardant une photo sur laquelle il se trouve ainsi que sa sœur et son frère : chacun s'efface graduellement. En survenant dans le passé et en y agissant, Marty a changé la séquence des événements qui devaient mener à sa propre naissance. À cause de son apparition, ses parents ne se sont pas aimés ni ne se sont mariés par la suite, et leurs enfants n'ont donc pas pu exister. À son retour en 1985, Marty réalise que des changements sont quand même survenus dans sa famille. Son père est devenu écrivain rempli d'une belle assurance, sa mère n'est plus obèse et alcoolique, son frère et sa sœur ont des métiers honorables, tandis que le fameux Biff a changé d'attitude et respecte son père.

La prise de décision du père de Marty de se défendre a tout changé… On ne peut se souvenir de toutes de nos décisions prises dans le passé. Ce qui est clair est que celles prises — chacune d'elles — ont déterminé ce que nous sommes devenus. Si le hasard n'avait pas voulu que je me retrouve avec un seul choix de cours complémentaires au collège Lionel-Groulx de Sainte-Thérèse, je n'aurais jamais suivi le cours Théâtre et improvisation, puisque j'étais foncièrement timide. Je n'aurais jamais rencontré Sophie Clément, la professeure de ce cours, qui m'amena à devenir le comédien que je suis. N'eût été ce moment décisionnel important, je serais peut-être reporter au Cameroun ou attaché de presse d'un politicien… Si je n'avais pas été comédien, je n'aurais pas rencontré Diane Lavallée, je ne serais pas le père de notre belle

Laurence, etc. Je serais ailleurs, vivant autre chose...

Parfois, un simple retour en arrière nous amène à voir tous les concours de circonstances (tragiques et heureux) qui nous ont conduits à ce présent dans lequel nous baignons, chacun à notre manière. Bien sûr, nous ne possédons pas cette fameuse machine à voyager dans le temps du Doc Emmett Brown...

Un jour, j'ai donné une conférence à des agents d'immeuble, à Laval. À peine avais-je commencé qu'une fille de trente ans, environ, se leva et quitta la pièce. Quinze minutes plus tard, je la vis revenir, pas plus heureuse. Ne pouvant s'asseoir au même endroit — sa place ayant été prise par une autre personne — elle alla s'installer à une autre table. Après ma conférence, je la vis pleurer dans les bras d'une femme. L'homme qui m'avait engagé leur parlait. Évidemment, difficile de rester indifférent à sa détresse. Quand les deux femmes quittèrent la salle, j'allai me renseigner auprès de lui.

— Qu'est-ce qui se passe ?

— Imagine-toi que, juste avant sa conférence, cette fille a appris son échec à l'examen pour devenir agente d'immeuble. Le problème : elle a basé toute sa vie sur ce moment important. Tu comprends, Marcel, que la conférence, elle s'en foutait bien. Alors, elle est partie. Dans son auto, elle a réalisé qu'un camion l'empêchait de partir, car il bloquait la route. Elle chercha partout le conducteur, mais ne le trouva pas. Au bout d'un certain temps, elle s'est impatientée et a décidé de revenir à ta conférence. Elle a dû s'asseoir à côté de cette dame, puisqu'il n'y avait aucun autre siège libre ailleurs. Après la conférence, la femme lui a demandé pourquoi elle pleurait. En entendant le témoignage, elle a lancé : « Tu sais, j'ai échoué deux fois à cet examen et pourtant, aujourd'hui, je suis agente d'immeuble. Je vais t'aider... »

Depuis trois ans, la fille est agente d'immeuble. Morale de mon histoire : si elle avait trouvé le camionneur, elle lui aurait demandé de déplacer son camion et elle serait partie, laissant son rêve de devenir agente d'immeuble derrière elle. Devant son malheur, elle avait abandonné la partie. Or, personne pour déplacer le camion et elle devient agente d'immeuble. Je suis même convaincu qu'elle est devenue une meilleure agente d'immeuble parce qu'elle a passé son test une deuxième fois.

Les difficultés sont là pour nous dire : « Veux-tu vraiment cela ? Veux-tu vraiment être comédien, pompier, notaire, comptable ? Si oui : continue d'y mettre ton 100 %. Si non : quelque chose de meilleur t'attend ailleurs, c'est certain.

Il y a des gens, malheureusement, qui vont perpétrer le malheur : « Mais qu'est-ce qu'ils n'ont pas compris ? » Au moment de la crise du verglas, en 1998, je demeurais à Notre-Dame-de-Grâce. Je ne pouvais pas me rendre chez moi en raison des arbres cassés et de la route givrée; je ne pouvais encore moins me rendre à ma maison de campagne. Je me suis donc retrouvé dans un restaurant de la rue Saint-Denis qui avait encore de l'électricité. Une amie y entra, par hasard. Après un brin de jasette, elle m'annonça que ses parents demeuraient à Saint-Eustache. Elle m'invita à y prendre refuge, le temps que les conditions s'améliorent à tous les niveaux. À peine venions-nous d'arriver chez son père que l'électricité cessa de fonctionner. Malgré tout, je suis resté là trois semaines et je suis devenu un peu comme un enfant de la famille.

L'été suivant, un samedi soir, j'ai reçu un signal de mon amie sur mon téléavertisseur. Le numéro d'urgence *911* était inscrit à côté de son numéro. Je l'ai rappelée et elle m'annonça que son père était mort dans ses bras, une demi-heure plus tôt, des suites d'un infarctus. Elle pleurait, je l'écoutais. J'étais bouleversé, car j'éprouvais une grande affection pour son père. Il n'avait que cinquante-sept ans.

Une semaine plus tard, après l'enterrement, je me retrouvais sur une terrasse à Saint-Eustache. La journée était éclatante de soleil. Je tentais de changer les idées de ces deux femmes si tristes devant moi, mon amie et sa mère. Je leur dis : « Vous savez, quand une personne meurt, on peut lui demander de nous envoyer un signe de sa présence encore parmi nous ou... un autre signe qui pourrait changer bien des choses dans notre vie.

Le serveur arriva à ce moment-là et donna un trousseau de clefs à la mère.

— Vous avez oublié vos clefs, madame.

Elle s'écria :

— Les clefs de Gaétan !

— Comment ça, *les clefs de Gaétan* ?

— C'est un signe, me répondit-elle. Ce sont les clefs de Gaétan : il pense à nous.

Le serveur revint et annonça qu'en fait, les clefs appartenaient à quelqu'un de la table voisine. La confusion provenait du fait que le porte-clefs de cette personne était identique à celui que possédait Gaétan. Il n'en demeure pas moins que, tout à coup, j'avais devant moi deux femmes gonflées à l'hélium. Je devais les attacher, sinon elles allaient décoller...

— Tu nous l'as dit, Marcel... Alors, c'est un signe, c'est vrai un signe...

— Wo ! Une minute, là ! Ça ne se passe pas vite comme ça !

— Non, non, c'est un signe...

— OK, OK, admettons que ce soit un signe : qu'est-ce que Gaétan veut te dire ? Peut-être qu'il veut t'aider à développer ta passion, dis-je, en regardant la mère de mon amie...

— Mais je n'en ai pas de passion !

— Oui, mais peut-être qu'il va trouver quelqu'un qui va t'aider à te trouver une passion. C'était quoi la passion de Gaétan ?

— Tu ne t'en souviens pas ? Il aimait rénover les vieilles bagnoles et ensuite, il les revendait.

— Ah oui, c'est vrai. Mais ça ne veut pas dire que tu soies obligé de suivre *sa* passion.

Soudain, son doigt pointa quelque chose dans la rue.

— Tiens, c'est une voiture comme celle-là que Gaétan rénovait dans son garage.

Une Buick 1957 — la même marque que celle de mon père, à l'époque —, se dirigeait vers nous. Je me sentais ému, car mon rêve de *ti-cul* était de conduire une telle automobile. L'auto arriva à la hauteur de la terrasse. La conductrice, me reconnaissant et me voyant admirer sa voiture, descendit la glace et me demanda :

— Monsieur Leboeuf, est-ce que ça vous tente de faire un tour dans une Buick 1957 ?

Ma réponse fut immédiate : « OUIIIII ! » Par contre, j'amène mes deux amies. »

Je me retrouvai assis à l'avant, à côté de la conductrice, et mes amies à l'arrière.

Je demandai à ma voisine pourquoi elle conduisait cette bagnole d'un temps révolu.

— Mon mari est mort il y a six mois, c'était sa passion de rénover de vieilles voitures. J'ai repris sa passion et c'est moi qui les rénove et les revends, maintenant…

En arrière, mes amies se mirent à pleurer comme des Madeleine. La mère lui expliqua la similitude entre leurs vécus. La conductrice, touchée, répondit : « Je vais vous aider, moi, à trouver une passion ! »

Elle arrêta la voiture, s'installa en arrière et toutes les deux se mirent à discuter… Moi, pendant une heure, je conduisis fièrement la belle voiture qui ressemblait à celle de mon père. À notre retour, nous avons payé nos additions laissées en plan.

La mère nous annonça soudain qu'elle était désolée que sa meilleure amie, qui demeurait dans l'Ouest canadien, n'ait pu venir à l'enterrement de son mari.

— Je ne l'ai pas revue depuis trois ans. Elle me manque terriblement.

En voyant un comptoir de crème glacée de l'autre côté de la rue (et question de la consoler), je m'écriai :

— Allez, venez les filles, je vous paye une glace de votre choix.

Alors que nous traversions la rue, sa meilleure amie sortit de cet endroit avec un cornet dans les mains. Elles hurlaient, je vous le dis…

Trois événements *synchronistiques* en à peine deux heures, c'est plutôt incroyable, non ?

Est-ce que la maman a profité de cette porte ouverte pour développer une passion ? Peut-être, peut-être pas, mais, pour sûr, une porte venait de s'ouvrir. Dans le fond, ce qu'il faut retenir, c'est que oui, il y a des rencontres synchronistiques. Oui, elles peuvent transformer notre vie. Et oui, il est possible de passer notre tour ! Si tel est le cas, nous ne saurons jamais, par contre, ce que la vie nous réservait dans ses possibles.

NOTES

Inscrivez vos pensées et vos commentaires :

Si le cœur vous en dit, répondez à ces questions :

1- Quelles ont été mes rencontres synchronistiques les plus prometteuses ?

_____
_____
_____
_____
_____
_____
_____
_____
_____
_____
_____

2- Ai-je été dans la direction qu'elles m'indiquaient ou ai-je choisi de franchir une autre porte ?

_____
_____
_____
_____
_____
_____
_____
_____
_____
_____
_____

3- Suis-je capable de reconnaître les signes mis sur ma route?

_____
_____
_____
_____
_____
_____
_____
_____
_____
_____
_____

4- Décrivez-en quelques-uns et dans quelles circonstances ils sont survenus?

_____
_____
_____
_____
_____
_____
_____
_____
_____
_____
_____
_____
_____

5- Vous sentez-vous capable de vivre de votre passion?
_____
_____
_____
_____
_____
_____
_____
_____
_____
_____
_____
_____

7. SUR LES CHEMINS DU HASARD, RENOUER AVEC NOS RÊVES

Le hasard est mieux que mille rendez-vous.
— Proverbe marocain

Ce qu'il y a d'intéressant, c'est que les rencontres synchronistiques ne se manifestent pas seulement dans notre vie diurne, mais aussi, dans nos rêves avant de se traduire dans la réalité...

En vous parlant de ma fille Laurence, dans un chapitre précédent, je vous ai mentionné à quel point les rêves (oniriques) jouent de grands rôles dans notre existence. D'une certaine façon, ils sont des messagers d'un « entre-deux-mondes » venant nous révéler ce qui échappe à notre conscience à l'état de veille. Par des scénarios bizarres, étonnants, flous, les rêves nous informent sur notre réalité « éveillée ». Oui, c'est vrai. Le scénario se présente parfois avec des symboliques tellement brouillées qu'il s'agit presque d'un combat perdu d'avance que de tenter d'en déchiffrer le « véritable » message.

En ce sens, j'aimerais vous relater une rencontre survenue au terme d'une de mes conférences. Une femme dans la soixantaine s'avança vers moi pour me parler d'un événement exceptionnel survenu un mois plus tôt dans sa vie. Il prenait d'abord racine dans un rêve d'enfance récurrent, étrange, presque réel, où elle se voyait en compagnie d'un frère, alors qu'elle était fille unique. Elle n'arrivait pas à comprendre le sens de cette imagerie puisqu'elle n'y trouvait aucun équivalent avec sa vie diurne. Pourquoi ce rêve ? Pourquoi son *insistance* ? Que se cachait-il derrière cette imagerie ?

Un mois auparavant, sa mère, hospitalisée pour des problèmes de santé, attenta à ses jours en sautant du balcon du quatrième étage. La mort se refusa à elle. Ses pieds restèrent coincés entre les barreaux du quatrième balcon et elle se retrouva étendue sur le troisième balcon. Sa fille, des plus inquiètes, lui demanda : « À quoi pensais-tu quand tu as sauté ? » Elle s'attendait à tout sauf à la réponse que sa mère lui donna : « Je me suis dit en sautant : c'est dommage, ma fille ne saura jamais qu'elle a un frère. »

Évidemment, ce fut un choc. Elle comprenait enfin le sens de son rêve, ce qu'il tentait de lui apprendre depuis tant d'années. Après une longue discussion avec sa mère, elle retrouva (à peine la semaine précédent ma conférence) celui qui hantait ses nuits depuis l'enfance.

Certes, son rêve récurrent l'avait invitée à s'interroger sur ce frère en question ; pourtant, jamais elle ne questionna sa mère pour confronter son rêve à la réalité. Parfois, nos rêves semblent si illogiques qu'on ne peut même pas croire qu'ils puissent comporter quelque vérité. C'est pourquoi je trouve important de mentionner que nos rêves ne sont pas que l'expression d'une décharge du trop-plein de la journée, qu'un fouillis d'inepties, que l'expression de nos désirs inconscients. Ils sont aussi le lieu de messages, de métaphores, de prémonitions, de révélations.

Bon, vous allez dire : « Ça y est, Marcel est reparti ! » Hum…, c'est vrai, mais n'oubliez pas, nous avons conclu un marché : *ne pétez pas ma baloune* ! De toute façon, j'ai une bonne nouvelle pour vous. J'ai des exemples concrets de rêves qui ont même changé, à certains égards, certains de nos fonctionnements archaïques… Des rêves, aussi, qui ont créé de très grandes œuvres, tant littéraires que musicales.

Commençons par le professeur Christian Barnard, l'auteur de la première transplantation cardiaque en 1967. Peu de personnes savent que les mois précédents cette chirurgie historique, il rêvait chaque nuit de cette opération. Il voyait avec une précision extrême, chacun des gestes qu'il devait poser pour réussir l'ultime intervention. Dans son rêve, il rencontrait toutes les difficultés possibles et imaginables, apprenant à les surmonter l'une après l'autre. De ses dires, il était même dans une sorte de transe au moment de l'opération, guidé par quelque chose de plus grand que lui.

    Maintenant, qui ne connaît pas la machine à coudre? C'est un ouvrier américain, Elias Howe qui la *réinventa*? grâce à un rêve percutant. Pourtant, pendant des années, il avait travaillé sur la façon d'arriver à ses fins, mais toujours sans succès. Une nuit, il rêva qu'il était capturé par une tribu de sauvages qui le firent prisonnier. Le roi lui hurlait de terminer sa machine, sinon il mourrait. Incapable d'y parvenir, il fut conduit sur le lieu d'exécution. C'est alors qu'il remarqua la pointe des lances dirigées vers lui. Elles comportaient toutes des trous à la hauteur du pic. En se réveillant, il sut qu'il avait enfin trouvé la réponse tant cherchée : une aiguille avec un chas près de la pointe, pour enfiler le fil... C'est ainsi qu'il inventa une nouvelle machine à coudre qu'il fit ensuite breveter.

    Il existe plein d'histoires de cette nature. Je vous invite à aller consulter le site Internet oserchanger.com[8].

    Pour ma part, c'est le rêve du grand peintre Ozias Leduc qui m'a beaucoup interpellé dans ma propre vie.

    Quand je suis revenu de Compostelle, le 16 juillet 2005, ma femme Lise et moi, vivions

---

8. Voir http://www.oserchanger.com/a_articles/reve_solution.php.

dans le Vieux-Longueuil. Un matin, nous avons aperçu une pancarte « À vendre » sur le terrain de notre voisin. Cette maison ressemblait à celle dans laquelle nous résidions depuis deux ans. Curieux, j'ai voulu connaître combien il demandait pour sa demeure, car à cette époque, le prix des maisons subissait une inflation incroyable. En fouillant sur le site de leur agence immobilière, nous nous sommes rendu compte que sa maison n'était effectivement pas donnée. Je ne sais pas pourquoi (le hasard le sait mieux que moi), mais j'ai dit à Lise : « Regardons les maisons à vendre à Saint-Hilaire. » Elle s'est aussitôt exclamée : « On ne va pas déménager là-bas ! » Et moi de lui répondre : « Non, non, sois sans crainte. »

Nous avons alors remarqué une maison, à notre avis exceptionnelle, c'est-à-dire répondant à tous nos besoins et davantage (arbres, vaste terrain, quatorze pommiers, trois petits bassins d'eau, et plus encore), à un prix presque ridicule. Je me suis tout de suite dit qu'il y avait sûrement une attrape. Lise et moi avons décidé d'aller la visiter pour en avoir le cœur net.

En arrivant, je ne pus m'empêcher de constater que la résidence était magnifique. Je me retournai et vis la montagne dans toute sa splendeur envahir mon champ de vision. *WOW!* J'ai dit à Lise : « Nous autres, on va rester ici. » J'ai toujours été attiré par les montagnes. Elle a répondu : « J'ai le même sentiment... »

Depuis la maison, nous pouvions voir, à l'arrière, un grand terrain et une maison bâtie en 1920, gardée en bon état, mais que personne n'habitait. La terre et la résidence appartenaient à l'un des peintres les plus importants du Québec, Ozias Leduc, père spirituel de Paul-Émile Borduas et de Gabrielle Messier. En plus de peindre, il a aménagé et décoré beaucoup d'églises au Québec, en Nouvelle-Écosse et dans l'est des États-Unis, dont la cathédrale de Saint-Ninian d'Antigonish, les églises de Saint-Romuald, à Farnham, de Saint-Enfant-Jésus du Mile-End, à Montréal, de la chapelle de l'évêché de Sherbrooke, le baptistère de la basilique Notre-Dame de Montréal, l'église des Saints-Anges Gardiens, à Lachine, Notre-Dame-de-la-Présentation de Shawinigan-Sud — un projet d'une durée de treize ans. Il faut aussi mentionner qu'Ozias Leduc était pomiculteur. Il est mort en 1956, à l'âge quatre-vingts ans.

Je fis une offre d'achat à l'agente d'immeuble. La dame me demanda ce que j'allais faire avec tout ça. Je lui ai répondu que premièrement, je remettrais la maison d'Ozias Leduc à la ville de Saint-Hilaire. Dans mon esprit, il était inconcevable qu'un musée ne soit pas érigé à la mémoire de cet être exceptionnel. Puis, j'allais enlever les pommiers malades pour faire place à un vignoble.

J'ai donc acheté la maison. J'ai planté des vignes tout près du lieu où Ozias Leduc possédait un atelier, bâti en 1880, et dans lequel il vécut toute sa vie. À l'intérieur de ce dernier, il y peignit une grande partie de ses œuvres les plus importantes. Il baptisa d'ailleurs cet endroit le Correlieu, soit le «lieu de rassemblement des amis» ou le «lieu du cœur». Jacques Cartier, quand il est arrivé au Québec, avait trois bateaux : la *Grande Hermine*, la *Petite Hermine* et l'*Émérillon*. La *Petite Hermine*, en fait, s'appelait aussi le *Correlieu*. Notons aussi que Samuel de Champlain, quand il a remonté la Richelieu en 1609, il naviguait sur un petit navire nommé le *Correlieu*. Personnellement, j'ai enregistré ce nom pour mon vin.

À l'automne 2006, une voisine me tendit un livre sur Ozias Leduc, qui, selon elle, pourrait m'intéresser puisqu'il contenait beaucoup d'informations à son sujet. Le soir même, je me suis installé dans mon lit et j'ai commencé à le lire. J'y appris que le Correlieu était passé au feu en 1983. Étrangement, ce peintre, pendant des années, avait fait un rêve récurrent dans lequel sa bâtisse passait au feu. Six mois avant sa mort, il rêva que quelqu'un reconstruisait le Correlieu et aménageait un jardin autour de la maison. Moi qui suis en train de lire ça, je me dis : «Si un vignoble ce n'est pas un jardin, je ne sais pas c'est quoi!» J'ai crié à Lise : «C'est un signe! C'est un signe!» Pour moi, cela signifiait que je me trouvais à la bonne place. Bien sûr, cela n'empêche pas les difficultés d'être au rendez-vous. Je les prends comme un défi me permettant de vérifier si mon désir est toujours actuel et vivant[9].

Bien sûr, mes chers amis, j'aimerais vous raconter encore tant d'histoires, vous parler de tant de thèmes : la gratitude, la compassion, la joie de vivre... Je dois malheureusement m'arrêter. Ma vie m'appelle ailleurs. Cela ne veut pas dire que nous sommes séparés, loin de là. Je continue de croire au hasard et qui sait, un jour, nous placera-t-il l'un devant l'autre.

J'aimerais pour finir mon récit vous faire partager les « hasards » incroyables entourant l'atterrissage d'urgence, aux Açores, de l'*Airbus A330* (vol 236) piloté par mon ami Robert Piché.

Deux jours avant l'événement, il demanda à un collègue de travail de le remplacer afin d'assister à un mariage. Malgré ses efforts, son confrère ne put acquiescer à sa requête. Robert Piché prit donc les commandes de l'avion transocéanique en compagnie de son copilote, Dirk de Jager, le 23 août à 20 h. Dans un ciel au plafond illimité, ils firent décoller le magnifique appareil assurant la liaison Toronto-Lisbonne, dans lequel se trouvaient deux cent quatre-vingt-treize passagers et treize membres d'équipage.

En arrivant au-dessus de Mirabel, le commandant Piché et son copilote furent alertés d'un problème de pression d'huile et d'une

---

9. Voir http://www.interpretationdesreves.com/commentse-souvenir-de-ses-reves/.

température d'huile trop basse dans le moteur droit. Le centre technique d'Air Transat ne détectant pas d'anomalie grave, les pilotes poursuivirent leur route, recevant même l'autorisation, par le contrôleur de la partie océanique, de traverser l'Atlantique. Par contre, en raison d'un trafic aérien accru, il demanda aux pilotes de dérouter l'avion soixante mille au sud de sa route prévue au plan de vol original : facteur qui sera déterminant dans la suite des événements.

Au milieu de l'Atlantique — les deux tiers de leur trajet derrière eux —, un témoin lumineux s'alluma et indiqua un déséquilibre entre les réservoirs situés dans les ailes. Une vérification, quelques minutes plus tôt, n'avait pourtant démontré aucune anomalie ou perte de kérosène. Le commandant Piché procéda au transfert entre les réservoirs, dans le but de rééquilibrer leurs niveaux. Manœuvre qui ne fit qu'accélérer la perte de carburant.

Lorsque Robert Piché comprit qu'il se trouvait devant un problème plus important, il déclara l'état d'urgence et dérouta l'avion vers les Açores. Puis, le premier moteur s'éteignit... Peu de temps après, quand le deuxième moteur rendit l'âme par manque de carburant, le pilote cessa pratiquement de respirer. Dans cet instant indescriptible, le commandant Piché crut que sa dernière heure venait d'arriver. Sans moteurs fonctionnels pour une masse totale de cent cinquante tonnes métriques, dont quinze tonnes de carburant perdues dans le ciel océanique, difficile de ne pas croire à un désastre fatal.

Un silence palpable s'installa dans la cabine de pilotage. Allaient-ils tous mourir dans les prochaines minutes : lui, les passages et les membres du personnel ?

C'était sans compter la longue expérience du commandant Piché. Ayant fait du transport de drogue en partance de la Jamaïque au cours de sa carrière, il avait appris à piloter de nuit dans des conditions météorologiques et humaines excessives. Une fois, pour éviter d'être repéré, il avait même piloté tous phares éteints. Sont-ce ces expériences clandestines (s'étant soldées par une sentence de dix ans… dans une prison de la Géorgie) qui lui a permis de retrouver son sang-froid en quelques secondes et de manœuvrer avec justesse l'appareil sans plus une goutte de carburant à bord ? Le commandant Piché en est certain…

Une autre occurrence marqua aussi ce moment de grande intensité au-dessus de l'Atlantique : la présence de son père décédé… dans le cockpit d'avion. Lui-même se demande encore s'il n'a pas rêvé, à ce moment-là, car on sait que tout peut survenir lors d'événements aux augures tragiques ! Pourtant, il sentit très clairement la main de son paternel se poser sur son épaule. Le commandant Piché, qui avait alors la tête baissée de découragement, la releva aussitôt. En riant, son père pointa du doigt au loin. C'est alors que Robert aperçut l'aéroport civil et militaire situé sur l'île de Terceira aux Açores.

L'invraisemblable survint, la peur intense fit place à une certitude : cet engin atterrirait et tous en sortiraient sains et saufs. Désormais, rempli de confiance, le commandant Piché entreprit une descente à trente-trois mille pieds (dix mille mètres). Les deux pilotes calculèrent qu'il ne leur restait plus que quinze à vingt minutes… Le commandant comprit (autre hasard incroyable) que n'eut été le déroutement préalable de soixante milles demandé par le contrôleur de la section océanique, jamais l'appareil n'aurait pu se rendre aux Açores. Il aurait plutôt percuté les flots sombres de l'Atlantique. Autre coïncidence incroyable : la veille de l'atterrissage, l'aéroport de Lajes était dans le brouillard et le sera également les quatre jours suivants l'urgence. Le ciel dégagé, dans la nuit du 23 au 24 août, permit aux pilotes de repérer la piste de loin.

Après un vol plané de vingt minutes, l'avion toucha enfin le tarmac à une vitesse de deux cents nœuds, soit 370 km/h, avant de rebondir et de se poser de nouveau sur le béton. Sous l'impact, les huit pneus éclatèrent et quelques-uns prirent feu. Nonobstant des blessures de natures légères, tout le monde s'en sortit.

Il est indéniable que sans tous les concours de circonstances incroyables survenus ce jour-là, et surtout devant l'extraordinaire sang-froid du commandant Robert Piché, cet incident n'aurait jamais pu connaître une fin heureuse. Depuis ce jour, Robert donne des conférences de motivation, a publié un livre sous la plume de Pierre Cayouette : *Aux commandes du destin*[10] et un film a été réalisé, *Piché : Entre ciel et terre*[11], mettant en vedette Michel Côté et son fils Maxime Leflaguais, qui ont joué de manière admirable les rôles du commandant Piché dans sa jeunesse et sa vie d'adulte.

---

10. Pierre Cayouette, *Robert Piché aux commandes du destin*, Libre Expression, Montréal, 2010, 280 p.
11. Film réalisé par Sylvain Archambault, Pixcom, 2010.

NOTES

Inscrivez vos pensées et vos commentaires :

Au terme de cette lecture, qu'une seule question :

Est-ce que votre façon d'accueillir les hasards et de conjuguer avec leurs effets a changé, évolué ou est demeuré la même ?

———————————————————————
———————————————————————
———————————————————————
———————————————————————
———————————————————————
———————————————————————
———————————————————————
———————————————————————
———————————————————————
———————————————————————
———————————————————————
———————————————————————
———————————————————————
———————————————————————
———————————————————————
———————————————————————
———————————————————————
———————————————————————
———————————————————————
———————————————————————
———————————————————————
———————————————————————
———————————————————————

CONCLUSION

J'ai appris, au cours de ma vie, à écouter les signes, à écouter les messages, à écouter ce que la vie a à m'apporter, à écouter mes colères, mes bonheurs, les voix de mes proches, celles de mes ennemis, à écouter les sons de la forêt, le rire et les pleurs des enfants.

Je veux vous dire que nous sommes tous sur le même bateau. Nous vivons des expériences aussi similaires que différentes. Je ne suis pas un gourou, je ne suis pas un guide, je suis Marcel, tout court, qui a envie de partager ses réflexions, mais aussi de connaître vos histoires. Le plus important pour moi, n'est pas de marcher en avant, mais avec vous. Que nous soyons, l'un pour l'autre, des personnes s'entraidant à devenir autonomes, capables de prendre notre vie en main. Pour cela, je crois qu'il faut apprendre à écouter. *Écouter* est le thème le plus important, car sans lui, le rapprochement entre les êtres est plus difficile et plus complexe. J'ai envie de vous écouter. J'ai envie aussi de vous lire. J'ai ouvert, pour cela, un blogue ou tout un chacun peut venir déposer son ou ses témoignages liés au hasard? Laissez-moi encore vous raconter une dernière histoire... (Oui, c'est vrai cette fois-ci.)

    Un jour, je me suis retrouvé en possession d'un vingt dollars. Rien de très extraordinaire à cela, me direz-vous. Cela arrive sans cesse, bien sûr. Mais ce billet avait quelque chose de particulier. Une note avait été inscrite dessus : « Si vous tenez ce billet entre vos mains et que vous lisez ce message, s'il vous plaît, contactez tel site et dites-nous où il est rendu. » Ce soir-là, en le visitant, j'ai réalisé tout le chemin qu'avait accompli ce vingt dollars en une année. Moi, j'allais ajouter à son périple en mentionnant sa localisation géographique du moment. Quelle idée magnifique!

    Si nous pouvions nous-mêmes tenir trace de nos passages dans la vie, des moments importants vécus, des hasards, des coïncidences, des synchronicités, peut-être pourrions nous grandir ensemble et nous rappeler que nous formons un tout, autant dans le malheur que dans le bonheur.

    Alors, dites-moi, dites-moi : où les hasards vous ont-ils conduits? Comment ont-ils transformé votre existence? Offrez-nous votre témoignage, en présentant autant les événements heureux que les incidents malheureux liés au hasard, aux synchronicités, etc. Tout témoignage est bienvenu, car la vie a ceci de particulier : elle comporte du noir, du blanc, du rose... Pensez-y : que serait un piano sans ses touches ivoire *et* charbon? Si nous ne regardons que le beau, nous oublions l'autre versant de la vie. Impossible, alors, de l'intégrer harmonieusement, de vivre nos deuils, nos rituels, nos processus...

Vos témoignages sont importants. Si le cœur vous en dit, n'hésitez pas à me les livrer sur mon blogue. Soyez assuré, ils seront tous lus!

Pour conclure mon propos, je vous invite à consulter le merveilleux texte d'André Gromolard[12], un prêtre d'une paroisse de l'agglomération lyonnaise, *Prendre sa vie en main*, qui m'a fait beaucoup réfléchir. C'est un texte sur lequel on peut méditer encore et encore.

Pour joindre Marcel:
http://www.marcel.ca/hasard

---

12. A. Gromolard, *Prendre sa vie en main*, Chronique sociale, Lyon, 2005.